中国电子信息工程科技发展研究

深度学习专题

中国信息与电子工程科技发展战略研究中心

科学出版社

北京

内 容 简 介

本书主要介绍了全球深度学习技术和产业发展现状及趋势，以及人才情况；阐述了我国的深度学习发展现状，包括基础理论、底层技术、应用技术和产业应用情况；重点介绍了我国深度学习相关的热点和亮点，包括 AI 芯片、深度学习框架、自动化深度学习建模、深度学习模型和行业应用等。同时对深度学习行业的发展和现状做了系统的总结，并阐述了下一步的趋势和影响。

本书适合人工智能、计算机、网络通信、微电子等方面的本科生、研究生，以及相关专业的教师、产业工程科技人员阅读。

图书在版编目（CIP）数据

中国电子信息工程科技发展研究. 深度学习专题/中国信息与电子工程科技发展战略研究中心著. —北京：科学出版社，2019.5
ISBN 978-7-03-061298-4

Ⅰ. ①中… Ⅱ. ①中… Ⅲ. ①电子信息-信息工程-科技发展-研究-中国　Ⅳ. ①G203

中国版本图书馆 CIP 数据核字（2019）第 097669 号

责任编辑：赵艳春／责任校对：张凤琴
责任印制：吴兆东／封面设计：迷底书装

科学出版社 出版
北京东黄城根北街 16 号
邮政编码：100717
http://www.sciencep.com

北京虎彩文化传播有限公司 印刷
科学出版社发行　各地新华书店经销

*

2019 年 5 月第 一 版　开本：A5
2020 年 7 月第三次印刷　印张：3
字数：86 000
定价：99.00 元
（如有印装质量问题，我社负责调换）

《中国电子信息工程科技发展研究》指导组

组长:
    陈左宁   卢锡城

成员:
    李天初   段宝岩   赵沁平   柴天佑
    陈　杰   陈志杰   丁文华   费爱国
    姜会林   刘泽金   谭久彬   吴曼青
    余少华   张广军

国家高端智库

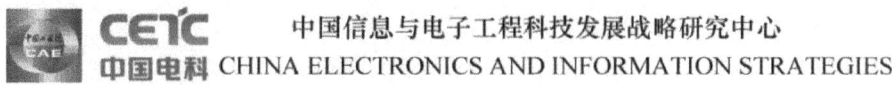

中国信息与电子工程科技
发展战略研究中心简介

中国工程院是中国工程科学技术界的最高荣誉性、咨询性学术机构,是首批国家高端智库试点建设单位,致力于研究国家经济社会发展和工程科技发展中的重大战略问题,建设在工程科技领域对国家战略决策具有重要影响力的科技智库。当今世界,以数字化、网络化、智能化为特征的信息化浪潮方兴未艾,信息技术日新月异,全面融入社会生产生活,深刻改变着全球经济格局、政治格局、安全格局,信息与电子工程科技已成为全球创新最活跃、应用最广泛、辐射带动作用最大的科技领域之一。为做好电子信息领域工程科技类发展战略研究工作,创新体制机制,整合优势资源,中国工程院、中央网信办、工业和信息化部、中国电子科技集团加强合作,于2015年11月联合成立了中国信息与电子工程科技发展战略研究中心。

中国信息与电子工程科技发展战略研究中心秉持高层次、开放式、前瞻性的发展导向,围绕电子信息工程科技发展中的全局性、综合性、战略性重要热点课题开展理论研究、应用研究与政策咨询工作,充分发挥中国工程院院士,国家部委、企事业单位和大学院所中各层面专家学者的智力优势,努力在信息与电子工程科技领域建设一流的战略思想库,为国家有关决策提供科学、前瞻和及时的建议。

《中国电子信息工程科技发展研究》
编写说明

当今世界，以数字化、网络化、智能化为特征的信息化浪潮方兴未艾，信息技术日新月异，全面融入社会生产生活，深刻改变着全球经济格局、政治格局、安全格局。电子信息工程科技作为全球创新最活跃、应用最广泛、辐射带动作用最大的科技领域之一，不仅是全球技术创新的竞争高地，也是世界各主要国家推动经济发展、谋求国家竞争优势的重要战略方向。电子信息工程科技是典型的"使能技术"，几乎是所有其他领域技术发展的重要支撑，电子信息工程科技与生物技术、新能源技术、新材料技术等交叉融合，有望引发新一轮科技革命和产业变革，给人类社会发展带来新的机遇。电子信息又是典型的"工程科技"，作为最直接、最现实的工具之一，直接将科学发现、技术创新与产业发展紧密结合，极大地加速了科学技术发展的进程，成为改变世界的重要力量。电子信息工程科技也是新中国成立70年来特别是改革开放40年来，中国经济社会快速发展的重要驱动力。在可预见的未来，电子信息工程科技的进步和创新仍将是推动人类社会发展的最重要的引擎之一。

中国工程院是国家工程科技界最高荣誉性、咨询性学术机构，把握世界科技发展大势，围绕事关科技创新发展的全局和长远问题，为国家决策提供科学的、前瞻的和及时的建议。履行好国家高端智库职能，是中国工程院的一项重要任务。为此，中国工程院信息与电子学部在陈左宁副院长、卢锡城主任和学部常委会的指导下，第一阶段(2015年年底至2018年6月)由邬江兴、吴曼青两位院士负责，第二阶段(2018年9月至今)由余少华、陆军两位院士负责，组织学部院士，动员各方面专家300余人，参与《中国电子信息工程科技发展研究》综合篇和专题篇(以下简称"蓝皮书")编撰工作。编撰"蓝皮书"的宗旨是：分析研究电子信息领域年度科技发展情况，综合阐述国内外年度电子信息领域重要突破及标志性成果，为我国科技人员准确把握电子信息领域发展趋势提供参考，为我国制定电子信息科技发展战略提供支撑。

"蓝皮书"编撰的指导原则有以下几条：

(1) 写好年度增量。电子信息工程科技涉及范围宽、发展速度快，综合篇立足"写好年度增量"，即写好新进展、新特点、新趋势。

(2) 精选热点亮点。我国科技发展水平正处于"跟跑""并跑""领跑"的三"跑"并存阶段。专题篇力求反映我国该领域发展特点，不片面求全，把关注重点放在发展中的"热点"和"亮点"。

(3) 综合专题结合。该项工作分"综合"和"专题"两部分。综合部分较宏观地讨论电子信息领域科技全球发展态势、我国发展现状和未来展望；专题部分对13个子领域中热点亮点方向进行具体叙述。

```
┌─────────────────────────────────────────┐
│              应用系统                    │
│       8. 水声    13. 计算机应用           │
└─────────────────────────────────────────┘

┌──────────────┐ ┌──────────────────┐ ┌──────────────┐
│   获取感知    │ │    计算与控制     │ │   网络与安全  │
│              │ │                  │ │              │
│   3. 感知    │ │    10. 控制      │ │ 6. 网络与通信 │
│  5. 电磁空间  │ │    11. 认知      │ │  7. 信息安全  │
│              │ │ 12. 计算机系统及软件│ │              │
└──────────────┘ └──────────────────┘ └──────────────┘

┌─────────────────────────────────────────┐
│              共性基础                    │
│ 1. 微电子光电子  2. 光学工程  4. 测试计量  9. 电磁场与电磁环境 │
└─────────────────────────────────────────┘
```

子领域归类图

5 大类和 13 个子领域如上图所示。13 个子领域的颗粒度不尽相同，但各子领域的技术点相关性强，也能较好地与学部专业分组对应。

编撰"蓝皮书"仍在尝试阶段，难免存在很多疏漏，敬请批评指正。

中国信息与电子工程科技发展战略研究中心

2019 年 3 月

前　言

近年来，以人工智能为代表的颠覆性技术，正在不断改造和升级各行各业，成为全球经济增长的新引擎。党的十九大明确了我国经济高质量发展的总方向，提出要进一步深化供给侧结构性改革，推动人工智能和实体经济深度融合，这让人工智能有更大的空间和机会服务实体经济的发展。2018年10月31日，习近平总书记在主持中共中央政治局第九次集体学习时强调，要加快建立新一代人工智能关键共性技术体系，在短板上抓紧布局，确保人工智能关键核心技术牢牢掌握在自己手里。从人工智能发展来看，我国具有较好的积累和优势。过去几年，得益于我国体量巨大且活跃的市场、人工智能领域的人才储备、快速增长的资金投入，我国人工智能产业发展迅速，甚至在一些方面和国外发达国家处在同一水平上。这将帮助我们更好地抓住人工智能与实体经济融合的有利机遇，推动传统行业转型升级，培育出一大批新的支柱性产业，带动我国经济快速增长。

深度学习在最近的十几年是人工智能最热门的研究领域之一，取得了很多重要的突破性进展，影响到人工智能行业整体的发展基础。深度学习涉及范围很广，包括前瞻研究、基于深度学习的应用技术、行业应用芯片、行业标准、相关人才培养、产业应用等很多方面。此外深度学习技术和其背后蕴藏的思维方式,也是 AI 技术从业者、AI 项目管理者必备的基础能力和认知方式。因此,发展我国自主的深度学习相关技术与应用已经刻不容缓,重点是要加快推动深度学习框架、开源开放平台、AI 芯片等的协同发展,从而缩小我国人工智能同国外的差距,提高我国在人工智能领域的影响力和话语权。

深度学习方法已经成功应用于语音、视觉、自然语言处理、知识图谱和数据智能等领域,取得了很好的效果,渗透到家庭、教育、交通、金融、医疗等各个场景。深度学习正在提升人们的生活品质和体验,提供高效的信息获取和交互方式、便捷的交流沟通工具、舒适的餐饮和购物体验等;并催生了新的智能产品和产业,推动更多的用户享受更加高质量的生活,提升幸福感。

深度学习正在改造和升级各行各业,促进传统行业智能转型,将人们从低效繁重的重复劳动中解放出来,有效提升效率、降低成本。传统行业通过深度学习技术的应用,结合自身知识和数据开展创新,可以改造升级原有的研发、生产、质量控制、物流、营销等环节,有效提升运营效率。此外各种提升深度学习易用性的工具平台也在不断降低人工智能应用创新的门槛,很多场景仅需简单调用一些深度学习平台上的相关接口和资源,就可以满足多种智能化需求,能够在比较短的时间内汇聚各方力量,实现数据、技术、能力、资源的共享和互补,加速创新,从而加快产品的商业落地。

为了更好地推动我国深度学习技术和应用的发展,我国可以出台相应的政策措施,支持以深度学习为代表的人工智能技术的研究和落地应用；推出各种引导政策，鼓励传统企业加快创新步伐，推动深度学习等人工智能技术在传统行业的应用；加快普及深度学习等人工智能教育课程，夯实创新的理论和技术基础，促进我国人工智能的发展。

目 录

《中国电子信息工程科技发展研究》编写说明
前言
第1章 全球发展态势 ································· 1
  1.1 深度学习技术发展情况 ························· 1
    1.1.1 深度学习发展历史 ························ 1
    1.1.2 深度学习成为全球学术研究热点 ············ 5
    1.1.3 深度学习为多个应用技术领域带来突破性进展 ·· 7
    1.1.4 深度学习技术即将进入主流采用阶段 ········· 10
  1.2 产业发展情况 ······························· 12
    1.2.1 全球深度学习市场区域差异化高速增长 ······· 12
    1.2.2 深度学习在多个行业广泛应用 ·············· 13
  1.3 人才需求情况 ······························· 14
  1.4 全球发展趋势 ······························· 16
    1.4.1 深度学习应用覆盖更广泛，市场增速加快 ····· 16
    1.4.2 深度学习技术研究持续深入 ················ 16
    1.4.3 边缘计算将给深度学习和芯片带来更多市场 ··· 18
    1.4.4 深度学习芯片迎来高速发展的阶段 ··········· 20
第2章 我国发展现状 ································· 22
  2.1 基础理论和底层技术亟待加强 ··················· 22
  2.2 应用技术领先 ······························· 24
  2.3 产业应用蓬勃发展 ··························· 26
第3章 我国热点亮点 ································· 28
  3.1 AI芯片 ···································· 28

3.1.1　发展 AI 芯片刻不容缓 ·················· 28
　　　3.1.2　与深度学习相融共生的 AI 芯片技术 ········ 30
　　　3.1.3　多样化的 AI 芯片应用 ·················· 32
　3.2　深度学习框架 ································ 35
　　　3.2.1　深度学习框架的发展现状 ·············· 35
　　　3.2.2　深度学习框架的构成 ·················· 36
　　　3.2.3　深度学习框架的研究热点 ·············· 40
　3.3　自动化深度学习 ······························ 41
　　　3.3.1　自动化深度学习的发展现状 ············ 41
　　　3.3.2　自动化深度学习的核心技术 ············ 43
　　　3.3.3　自动化深度学习的典型应用 ············ 45
　3.4　深度学习模型 ································ 47
　　　3.4.1　视觉模型 ···························· 47
　　　3.4.2　语音模型 ···························· 53
　　　3.4.3　自然语言处理模型 ···················· 56
　3.5　行业应用 ···································· 60
第 4 章　未来展望与思考 ······························ 66
　4.1　基础理论展望 ································ 66
　4.2　应用技术展望 ································ 68
　4.3　产业应用展望 ································ 70
　4.4　对我国深度学习技术未来发展的思考 ·········· 72
第 5 章　总结和致谢 ································ 75
参考文献 ·· 76

第1章 全球发展态势

深度学习属于机器学习的范畴。与传统机器学习方法有显著差异的是，其使用多层非线性处理单元级联进行特征提取和转换，实现了多层次的特征表示与概念抽象的学习[1,2]。深度学习避免了传统机器学习方式下对特征工程的要求，可以容易地实现端到端的训练，并且在大数据下展现出明显的效果优势。深度学习在语音、视觉和自然语言处理等领域广泛应用并取得巨大成功，也使得机器学习更加接近人工智能的初始目标。

近几年深度学习在学术界和工业界产生了巨大的影响。学术界多个领域使用深度学习方法取得突破，深度学习相关论文激增，深度学习成为各大学术会议的大热关键词，相关专利更是最近几年人工智能专利申请量的主力。工业界进展突飞猛进，产品层出不穷，大大改善了人类的工作、学习和生活的方式，促进了社会的进步。深度学习已经广泛地被应用于很多重要的领域，其中在信息获取、信息交流、购物、医疗、金融、工业生产等领域，越来越多的应用依赖于深度学习技术。在2019年和未来几年，它们将越来越多地出现在我们的日常生活中。

1.1 深度学习技术发展情况

1.1.1 深度学习发展历史

虽然深度学习近年来才火热起来，但深度学习技术并不是一时兴起的，而是经历了漫长的发展过程。当前主流的深度学习方法是基于神经网络的，而神经网络的研究历史非常悠久，并且经历了几次起落。

神经网络思想的起源可追溯到 1943 年。美国数学逻辑学家沃尔特·皮茨(Walter Pitts)和心理学家沃伦·麦克洛克(Warren McCulloch)发表论文《神经活动中内在思想的逻辑演算》，提出了神经元的形式化数学描述和网络结构方法。

1958 年，康内尔大学教授弗兰克·罗森布拉特(Frank Rosenblatt)提出了由两层神经元组成的感知器(Perceptron)人工神经网络模型，采用海布(Hebb)学习规则或最小二乘法来进行训练。感知器的提出吸引了大量科学家对人工神经网络研究的兴趣。

1969 年，马文·明斯基(Marvin Minsky)和 LOGO 语言的创始人西蒙·派珀特(Seymour Papert)从数学角度证明了关于单层感知器的局限性，它甚至不能解决异或(XOR)问题，同时在当时不能有效地训练多层感知器。20 世纪 70 年代，人工神经网络进入了寒冬期。

直到 1986 年，由大卫·鲁姆哈特(David Rumelhart)、杰弗里·辛顿(Geoffrey Hinton)和罗纳德·威廉姆斯(Ronald Williams) 重新提出适用于多层感知器(Multi Layer Perceptron, MLP)的反向传播(Back Propagation, BP)算法，引起人们的重视，人工神经网络研究进入第二次热潮。

1989 年，罗伯特·赫克特-尼尔森(Robert Hecht-Nielsen)证明了 MLP 的万能逼近定理。同年，杨立昆(Yann LeCun)提出了深度学习常用模型之一卷积神经网络(Convolutional Neural Network, CNN)，并将其成功用于手写体数字识别。

由于 20 世纪 80 年代计算机的硬件水平有限，计算能力不足以支撑深层网络的训练，并且当神经网络的规模增大时，BP 算法会出现"梯度消失"的问题，这使得神经网络的研究和应用受到很大限制。再加上 90 年代，以支持向量机(Support Vector Machine, SVM)为代表的其他类型的浅层机器学习算法被提出，并在分类、回归等问题上均取得了很好的效果，人工神经网络的发展再次进入低谷期。

2006 年，可看作是深度学习元年。杰弗里·辛顿(Geoffrey Hinton)以及他的学生鲁斯兰·萨拉赫丁诺夫(Ruslan Salakhutdinov)正式提出了深度学习的概念[3]。他们在国际学术期刊 Science 发表的一篇文章中详细地给出了"梯度消失"问题的解决方案——通过无监督的学习方法逐层训练算法，再使用有监督的反向传播算法进行调优，这使得深层神经网络技术再次引起大家关注。

之后随着计算机硬件的快速进步，特别是图形处理器(Graphics Processing Unit, GPU)的大幅进步和广泛应用，算力得到极大提升。而互联网又带来了海量的数据，工业界对于大数据下的机器学习愈发重视，这都为深度学习的发展奠定了很好的基础。

2011 年前后，杰弗里·辛顿与微软的研究员们将深度学习应用于语音识别，效果取得了明显提升。2012 年，在 ImageNet 图像识别大赛中，杰弗里·辛顿领导的小组采用深度学习模型 AlexNet[4]一举夺冠，成功地把错误率从 26%降到了 15%。

深度学习在语音和图像任务上的突破性进展，极大吸引了学术界和工业界对深度学习领域的关注，引发了深度学习研究和应用的热潮。之后的几年，深度学习从算法模型研发、编程框架建设到底层训练加速、上层应用拓展都如火如荼，在更广泛领域取得了新的突破，并开始产生社会、经济效益。

值得一提的是深度学习在计算机围棋上取得的突破性进展，其趣味性和公众的高关注度让深度学习和人工智能等概念为大众所熟知，促进了社会大众对深度学习和人工智能相关研究及应用的接受程度。

2016年，谷歌DeepMind基于深度学习开发的AlphaGo，以4∶1的比分战胜世界冠军韩国围棋9段李世石，引发新的震撼。后来，AlphaGo又接连击败众多世界级围棋高手。这标志着在围棋领域，基于深度学习技术的AI棋手已经超越了人类。

2017年，AlphaGo升级到AlphaGo Zero，完全抛弃了人类棋谱，采用"从零开始""无师自通"的学习模式，经过3天自我对弈训练以100∶0的比分轻而易举打败了AlphaGo。AlphaGo Zero，把计算机围棋做到了极致。

AlphaGo和AlphaGo Zero其实是整合了深度学习和强化学习技术，深度学习强在感知能力，强化学习偏向决策能力。AlphaGo结合了深度强化学习和蒙特卡洛树搜索，构建了两个网络来提升搜索效率。通过策略网络选择落子位置降低搜索宽度，使用价值网络评估局面以缩小搜索深度，搜索效率大幅提升的同时胜率估算也更加精确。AlphaGo同时使用了强化学习的自我博弈来对策略网络进行学习，使用自我博弈和快速走子结合形成的棋谱数据进一步训练价值网络。最终在线对弈时，结合策略网络和价值网络的蒙特卡洛树搜索在当前局面下选择最终的落子位置。

升级版的 AlphaGo Zero 将策略网络和价值网络整合在一起，使用纯粹的深度强化学习方法进行端到端的自我对弈学习。打败李世石的 AlphaGo 使用了大量人类棋谱进行训练，并且训练过程中也引入了部分人工设计特征。而 AlphaGo Zero 从随机初始的神经网络开始完全根据自我对弈进行学习，需要更少的硬件资源和更短的时间就达到了更好的水平。深度神经网络技术的更充分利用对于 AlphaGo Zero 的成功发挥了关键作用，使用了更深的残差网络，能在更加复杂的棋盘局面中将棋局直接作为输入来学习；原先独立的策略网络和价值网络合并成一个从输入层到中间层完全共享的统一网络，训练更快，效果更好。整体上 AlphaGo Zero 的架构更加简洁和统一，"简单粗暴"但却更加有效。

AlphaGo 和 AlphaGo Zero 的成功，攻克了人类棋类智力游戏中较复杂、变化较多的围棋，展示了深度学习和强化学习等技术结合产生的巨大威力，也使深度学习更为社会公众所熟知。

1.1.2　深度学习成为全球学术研究热点

深度学习成为国际学术会议的焦点，论文数量激增。近几年，人工智能相关的论文发表数量快速增长，其中围绕深度学习研究或使用深度学习方法的论文占比越来越高。根据斯坦福 *Artificial Intelligence Index* 2018 *Annual Report* 介绍的人工智能子类论文情况，机器学习和概率推理类论文在 2010 年的比例为 28%，而 2017 年高达 56%。其中，神经网络相关论文的数量 2010—2014 年复合年增长率(CAGR)为3%,2014—2017年复合年增长率为37%[5]。如图1.1所示。

从近几年各大学术会议的论文投稿和被接收情况来看,深度学习无疑是最受关注的研究方向之一。如国际机器学习大会(International Conference on Machine Learning,ICML)、神经信息处理系统大会(Neural Information Processing Systems,NeurIPS)、美国人工智能协会年会(Association for the Advance of Artificial Intelligence,AAAI)、国际人工智能联合会议(International Joint Conference on Artificial Intelligence,IJCAI)、国际计算语言学协会年会(the Association for Computational Linguistics,ACL)等国际会议上,深度学习相关的论文无论是投稿数还是接收量都位居前列。

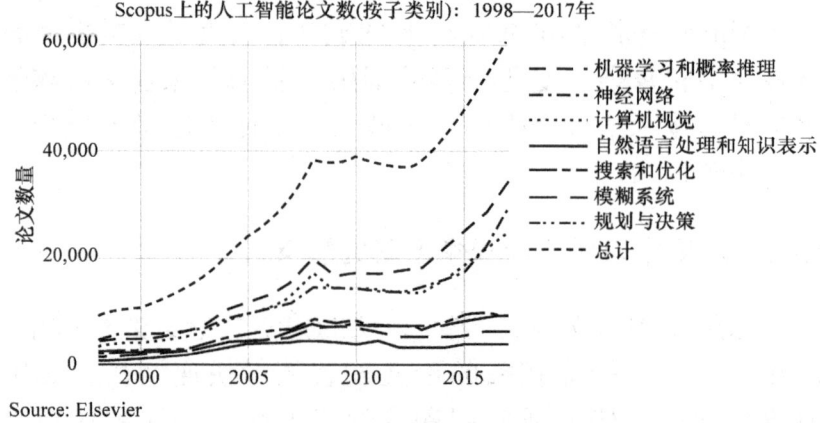

图1.1 人工智能论文引用情况

全球深度学习专利申请量快速增长。近年来,随着人工智能技术和产业的快速发展,相应的专利申请量也呈快速增长态势,而其中的深度学习相关专利更是最近几年人工智能领域专利申请的主力。

EconSight 报告重点指出：包括深度学习和神经网络在内的机器学习主导了当今的人工智能专利格局，在人工智能相关专利的所有类别中处于领先地位，其中深度学习相关专利的申请量增势明显[6]，如图 1.2 所示。

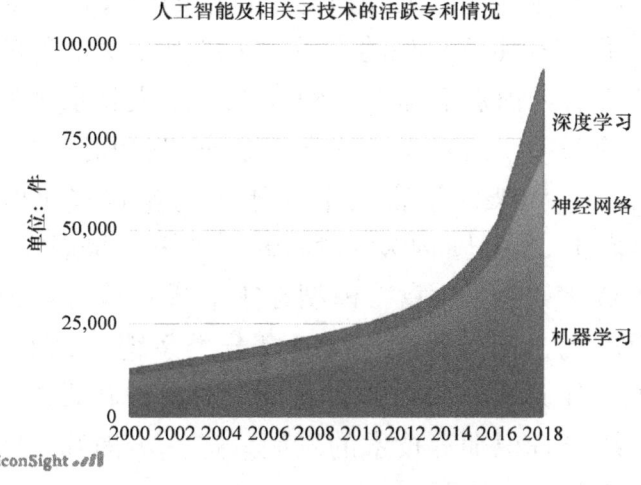

图 1.2　人工智能专利情况

此外，联合国世界知识产权组织(UN World Intellectual Property Organization，WIPO)发布的报告 *WIPO Technology Trends* 2019：*Artificial Intelligence* 指出，截止到 2016 年年底，全球人工智能相关发明专利申请达近 34 万份，其中超过半数为 2013 年以后申请的[7]。深度学习作为人工智能领域最火热的技术方向，2013—2016 年期间相关专利申请的年平均增长率为 174.6%。

1.1.3　深度学习为多个应用技术领域带来突破性进展

深度学习和云计算理论的突破，使语音、图像、自然语言处理和大数据等人工智能应用技术取得跨越式进展，相关研究成果和产品如雨后春笋般出现。

(1) 语音识别

在深度学习技术的驱动下，语音识别准确率不断提升，在安静场景下已经达到甚至超越了人类的水平。2016年以来，百度、搜狗、讯飞分别宣布自己的中文语音识别准确率达到了97%甚至98%的水平。2017年5月，谷歌宣布自己的英文语音识别准确率达到95%，跟人类水平相当。随着研究的深入，语音识别正在从状态建模和按语音帧解码等传统技术框架向语音文本一体化的端到端建模发展。2019年1月，国内发布的流式多级截断注意力模型(SMLTA)，实现了注意力模型在工业界在线语音识别中的大规模应用，相对原有连接时序分类系统(CTC)准确率提升15%。除此之外，中英文混合识别、普通话方言混合识别、离线语音识别等技术的发展，进一步提升了使用语音识别的实际用户体验。

(2) 图像识别

OpenCV开源计算机视觉软件包极大地促进了图像识别的发展。从OpenCV软件包的版本升级即可发现深度学习的影响力，当前OpenCV集成了深度学习子软件包，相对于传统机器学习方法，深度学习在图像识别领域具有非常明显的优势。其中基于深度卷积神经网络的AlexNet赢得了2012年ILSVRC的图像识别冠军，实现了top-5的错误率为15.3%的好成绩。从此各种深度卷积神经网络登场，均取得不错成绩。各种基于深度学习的图像识别产品纷纷落地，并广泛应用于多个领域。

(3) 自然语言处理

自然语言处理是传统机器学习长期主导的领域，神经网络由于多种原因未得到足够重视。深度学习在自然语言处理领域的研究从神经网络语言模型和词嵌入向量表示(Word Embedding)开始。深度学习下的词向量表示为通用语义表示和计算带来了新方式，在问答、语义匹配等任务上都取得了较明显的效果提升，也为自然语言处理中的多任务学习、迁移学习带来了便利。基于深度学习的神经网络机器翻译(Neural Machine Translation, NMT)是近几年深度学习在自然语言处理领域最显著的突破，NMT 显著超越了统计机器翻译系统的效果并且系统更加简洁，推动了机器翻译走向实用化，一些诸如翻译机等产品开始出现。此外，阅读理解等新的技术方向也在深度学习的带动下发展起来。但是，自然语言的理解问题，目前的深度学习技术仍未彻底很好地解决。在未来几年，自然语言处理依然是深度学习能产生巨大影响的领域。

(4) 数据智能

近年来，深度学习模型的理论和实践进步飞速，GPU等各类深度学习处理器的快速升级为之提供了算力保障，有力推动了大数据的应用。国内 AI 龙头企业利用大数据技术建设智慧城市，涉及金融、法律、交通、出行、安防等关键领域。在企业经营活动中，深度学习显著提升了基于大数据的搜索、广告、用户画像等应用。

1.1.4 深度学习技术即将进入主流采用阶段

这几年深度学习技术快速应用到很多领域,云和端的深度学习芯片也逐渐被广泛应用,并且有了很多实际落地的产品。在信息服务、购物、安防、金融、交通、家居、汽车、服务等行业,深度学习未来几年将全面进入主流采用阶段。

连续两年的 Gartner 技术成熟度曲线都出现了深度学习,均为在未来 2～5 年进入主流采用阶段。在 2018 年的技术成熟度曲线上,深度神经网络专用芯片(Deep Neural Network ASICs)也出现在相同的位置[8],如图 1.3、图 1.4 所示。

根据 Gartner 的预测,今后 10 年 AI 技术将为大众所用,无处不在,最终 AI 将普及到社会的每一个角落,惠及每一个人。AI 的开放进程得益于下列技术:AI 平台即服务(PaaS)、强人工智能、自动驾驶(4 级和 5 级)、自动移动机器人、对话式 AI 平台、深度神经网络(深度学习)、自动驾驶汽车、智能机器人和虚拟助手等。同时基础设施不再成为妨碍实现企业组织的目标的阻力。云计算及众多变种方式的出现和大规模普及已造就了永远在线、可用且无限制的基础设施计算环境。这种趋势得益于下列技术:5G、碳纳米管、深度神经网络芯片、神经形态硬件和量子计算。这些技术即将达到顶峰,并沿着成熟度曲线快速移动,尤其是 5G 和深度神经网络芯片预计会在今后 2～5 年内达到高峰期。

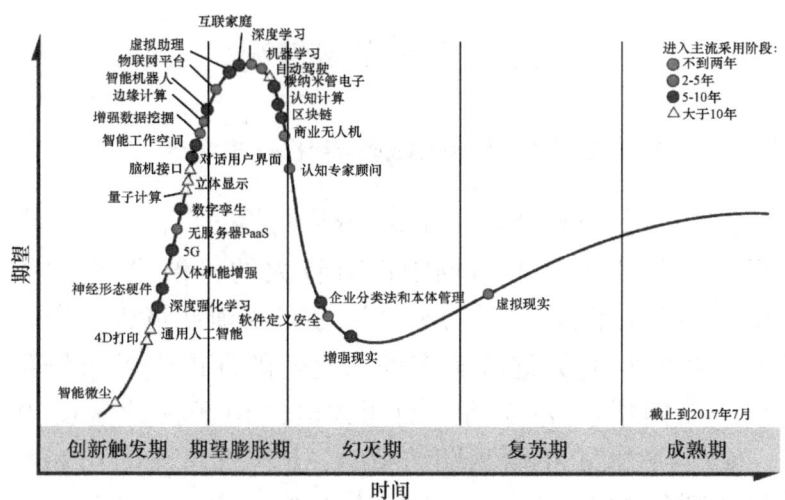

图 1.3 2017 年新兴技术成熟度曲线

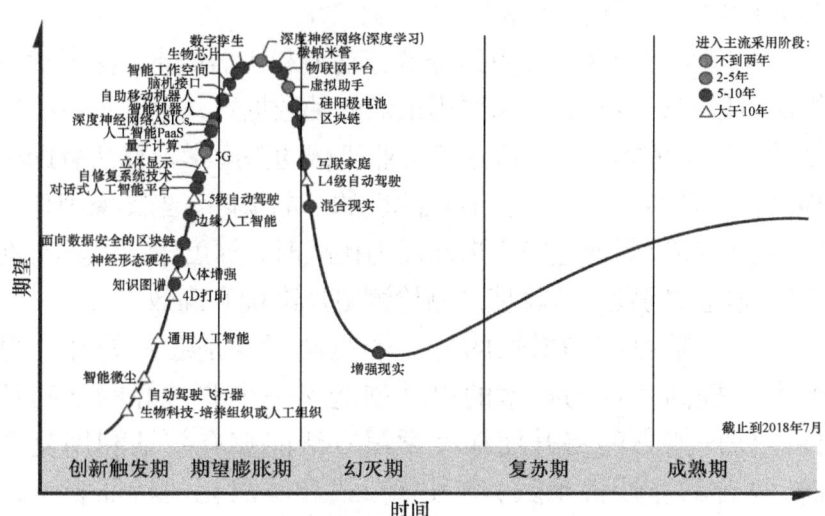

图 1.4 2018 年新兴技术成熟度曲线

1.2 产业发展情况

1.2.1 全球深度学习市场区域差异化高速增长

根据市场调研公司 Persistence 的报告[9]，尽管北美预计将在全球深度学习市场中占有较大的价值份额(预测期内超过 40%)，但亚太区的深度学习市场预计将成为未来几年可持续创收的关键区域市场。北美的深度学习市场预计在预测期内增长 71.3 倍，而亚太区的市场预计增长 95.2 倍。预计到 2027 年预测期结束时，北美深度学习市场的估值将达到约 1100 亿美元。按价值计算，该地区的复合年增长率为 47.3%。亚太地区预计到 2027 年年底将实现 660 亿美元的收入，复合年增长率为 51.2%。

深度学习应用的重点是降低劳动力和机器成本。深度学习算法可以自行调整，不需要提供额外的数据点，提高了系统效率并降低了成本。其中应用于工业机械的深度学习算法有助于检测在正常情况下非常具有挑战性的产品缺陷。当图像因环境条件、产品反射或透镜变形而成为挑战时，深度学习尤其有助于解决这一问题。这将使产品检测更加准确和高效。

深度学习市场增长的另一个驱动因素是芯片处理能力的大幅提高，这为技术的提升创造了一个非常好的基础条件。硬件能力的提升使深度学习方法能够有效地利用复杂的、复合的非线性函数，学习分布式和层次化的特征表示，并有效地利用标记和未标记的数据。其中在医疗领域，GPU 加速深度学习解决方案用于设计医疗和医学研究应用的复杂神经网络，从实时病理评估到护理点干预，到临床决策的预测分析。在深度学习方面的创新正以多种方式推进精准医学和人口健康管理的未来。

此外，深度学习逐渐转向基于云的技术，这将对整个深度学习市场的增长产生重大影响。

1.2.2 深度学习在多个行业广泛应用

Facebook 的照片标签和面部识别功能都使用了卷积神经网络。在智能汽车领域，特斯拉的 Model X 已经在使用卷积神经网络来实现自动驾驶的相关功能。医疗领域，Quere.ai 公司也在使用卷积神经网络，并且在医学成像的诊断方面取得了显著的成功。

在金融投资领域，基于深度学习技术的智能助理已经有取代人类专家顾问的迹象。在美国，从事智能顾问的不仅仅是 Betterment、Wealthfront 这样的科技公司，老牌金融机构也察觉到了人工智能对行业带来的改变。高盛和贝莱德分别收购了 Honest Dollar 与 Future Advisor，苏格兰皇家银行也宣布用智能顾问取代 500 名传统理财师的工作。中国的一些创业团队正在将人工智能技术与保险业相结合，在保险产品数据库基础上进行分析和计算，构建知识图谱，并收集保险语料，为人工智能问答系统做数据储备，最终连接用户和保险产品。随着使用智能顾问的机构越来越多，未来 2~5 年人工智能有望达到人类专家顾问的水平。

虽然现有以深度学习为基础的 AI 技术表现出了强大的潜力，在某些领域已经超越了人类的水平，但从大的方面来讲，深度学习还是没有脱离机器学习的范畴，有很多局限。例如，对感知任务完成得比较好，对涉及知识、理解等认知任务的高质量效果实现还有难度；更擅长监督学习，很多突破性的成果都是有监督的任务，对无监督学习相对比较薄弱；太依赖大数据，虽然有一些预训练模型可以起到较好作用，但总的来说小数据场景下深度学习技术作用有限；网络需要仔细设计，虽然有自动化深度学习建模等技术，但目前很多是局部网络结构的微调，大的基准框架上还比较依赖专家设计。

尽管深度学习有一定的局限性，但是随着相关算法的完善，算力的提升，各种工具的完善，各种应用的落地，会持续补足短板，推动相关软硬件、深度学习框架和 AI 芯片等的发展，深度学习会成为未来产业核心的部分。

当前更多场景下，仍然需要以人机协作的方式来完成任务。目前的人机协作方式多数为针对特定目标、在特定环境下的单点式解决方案，这种方式如果想扩展到更多场景下成本很高。未来人机协作会在人、机功能角色划分更清晰的基础上，向更加通用的方向发展。在人机协作方面，算法的行为有时候需要被人理解，以便由人决定是否采纳或修改；应以在线学习的方式支持人类不断地优化机器完成任务的能力；要有易于交互的图形化界面和自然语言交互支持。

1.3 人才需求情况

全球的人工智能人才短缺，而深度学习人才更是极度缺乏，无论在美国、欧洲还是中国，深度学习人才的培养都需要较长的周期，相关人才缺口短期内很难补上。

斯坦福的 *Artificial Intelligence Index* 2018 *Annual Report* 阐述了每年所需人工智能技能的职位空缺数量，以及所需人工智能技能的职位空缺相对增长。虽然机器学习被称为需求较大的技能,但深度学习正以较快的速度增长——从2015年到2017年,需要深度学习的职位空缺数量增加了35倍,如图1.5、图1.6所示。

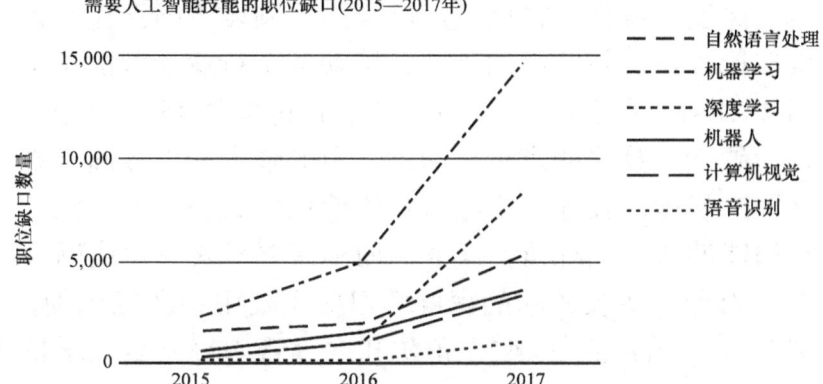

图1.5　2015—2017年人工智能职位缺口情况

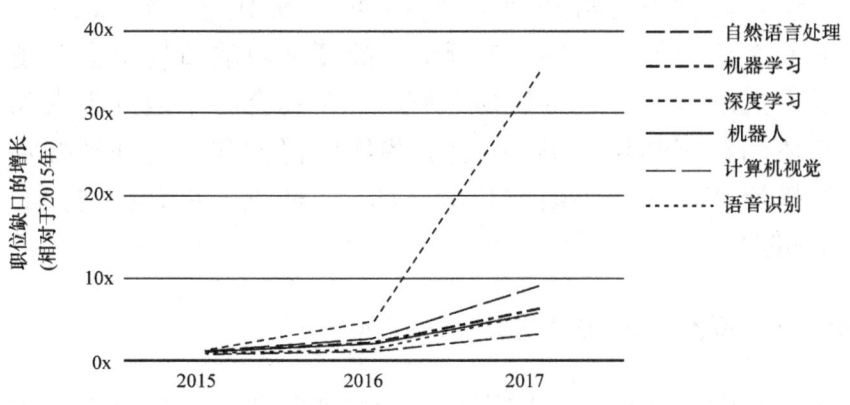

图1.6　2015—2017年人工智能职位缺口增长情况

1.4 全球发展趋势

1.4.1 深度学习应用覆盖更广泛，市场增速加快

深度学习除了在已经广泛应用的领域不断深化完善，也在持续拓展新的应用领域，推动各个行业的智能化。根据 2018 年 11 月的 Tractica 报告，在过去的 18 个月中，得益于硬件和算法的进步，深度学习的强大能力逐渐显现。这种进步体现在连续学习过程中使用模式识别的算法，使它们能够自主训练执行任务，而不需要显式编程代码。

当今一些较成功的深度学习应用集中在图像识别、文本分析、产品推荐、欺诈预防和内容管理等领域的增量和实际改进上。深度学习可能会带来未来更强大、更具颠覆性的应用发展，如无人驾驶汽车、个性化教育和预防性医疗保健。Tractica 预测[10]，随着应用的不断拓展，全球深度学习软件市场将从 2017 年的 30 亿美元增长到 2025 年的 672 亿美元，如图 1.7 所示。深度学习的市场机会跨越了广泛的行业和地理区域，尤其是在具有海量数据需求和实体的特定领域市场，以及那些使用视觉和语言处理技术的机器感知应用不断增长的市场，这种机会具有特别大的颠覆性。

1.4.2 深度学习技术研究持续深入

深度学习除了在应用领域的快速扩张，一些基础技术研究依然保持着很高的热度。主要可以分成以下几个方向：

深度学习的基础理论研究；深度学习和其他方法的结合扩展；深度学习一些优势的深耕和发扬光大；深度学习当前一些局限性的解决。当然这几个方面也是相互影响，相互交织的。

图1.7　基于区域的深度学习软件营收预测

　　深度学习的理论性研究侧重给出对深度学习有效性更好的解释，对深度学习的泛化能力更好的证明，以及如何更快收敛更好地学习等。

　　在和其他方法结合方面，一方面最成功的当属深度强化学习，从静态监督学习扩展到动态交互时序学习，这在AlphaGo上已经得到了验证。但是对于深度强化学习是否就是最接近人工智能的解决方案还是存疑的。另一方面是在一些非游戏类的实际应用中，深度强化学习发挥好的效果往往需要针对性的设计和实验。除此之外，也有很多关于神经和符号相结合的探索、数学模型和认知心理学方法相结合的探索。

在深度学习的优势深耕方面，预训练模型与迁移学习比较有代表性。深度学习下的特征表示学习特性，可以构造出可扩展、可迁移的强大的预训练模型。例如，自然语言处理领域最近出现的 Bert 模型就是一个代表，通过大规模无标注语料训练出的基础表示模型，可以大大降低具体任务下对标注数据的依赖量并显著提升效果。

在解决深度学习当前的一些局限性方面则有更多的探索。这包括针对深度学习下网络设计需要较大成本问题而出现的自动化深度学习技术，可以自动进行网络结构设计和超参数寻优，使深度学习更加自动化。针对深度学习在监督学习任务上表现更优异的问题，更多考虑半监督、无监督任务下的深度学习，包括近期持续火爆的对抗学习网络，将生成模型和判别模型一起学习，大大提升了深度学习的生成效果。针对传统深度神经网络更多适用于无结构数据的问题提出图神经网络，使得深度学习可以作用于图结构上，非常适用于知识图谱等场景，为深度学习的推理能力、可解释性提升提供了新思路。

1.4.3　边缘计算将给深度学习和芯片带来更多市场

如今，人工智能的计算大多在基于云端的数据中心完成，而这些计算的主要内容是对深度学习模型的训练，这需要大量的计算能力。在过去的 6 年中，计算需求方面经历了 30 万倍的增长，GPU 提供了强大的算力支持。根据 Tractica 的最新报告，随着人工智能应用多样性的增长，越来越多的深度学习计算将在边缘设备中进行，而不是在一个集中的、基于云的环境中进行。根据 Tractica 预测，到 2025 年，全球人工智能边缘设备的出货量将是 2018 年的 16 倍多，如图 1.8 所示。Tractica 的分析表明，依据设备类别，主要的 AI 边缘设备为：手机、智能音箱、个人电脑设备、头戴式显示器、汽车、无人机、消费者和企业级机器人、监控摄像头等。

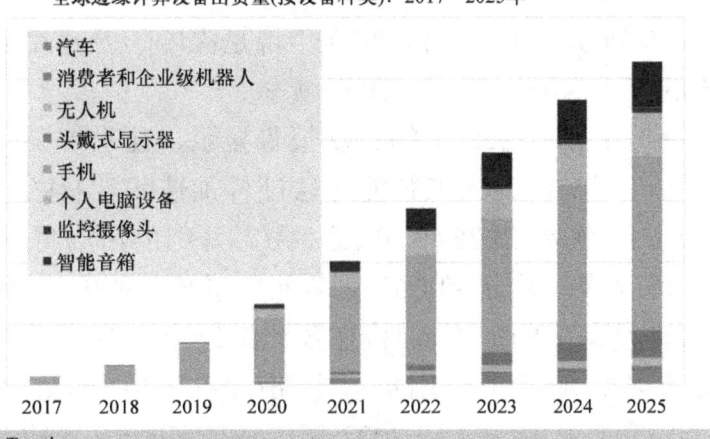

图 1.8　全球边缘计算设备出货量预测

在评估云与边缘计算时，需要考虑隐私、安全、成本、延迟和带宽等。根据人工智能应用程序和设备类别，可用于执行人工智能边缘计算的芯片包括中央处理器(Central Processing Unit，CPU)、图形处理器(Graphics Processing Unit，GPU)、专用集成电路(Application Specific Integrated

Circuit，ASIC)、现场可编程门阵列(Field-Programmable Gate Array，FPGA)、系统芯片(System on Chip，SoC)等。

1.4.4 深度学习芯片迎来高速发展的阶段

目前,GPU 和 CPU 在市场上处于领先地位,但 FPGA、ASIC、SoC 加速器和其他新兴芯片组的影响正在不断扩大。虽然解决深度学习训练和推断工作量的芯片组市场仍然是一个新兴市场,但形势正在迅速变化——在过去的一年中,超过 60 家各种规模的公司宣布了某种深度学习芯片组或知识产权(IP)设计，之后将开始市场验证。Tractica 预计,如图 1.9 所示,2019 年和 2020 年将是深度学习芯片组数量增长的关键时期，届时将出现赢家。

一份来自 Tractica 的最新报告显示,几乎每一家高科技巨头公司都认为人工智能算法硬件加速非常有必要性。Tractica 预测,到 2025 年,深度学习芯片组的市场将从 2017 年的 16 亿美元增加到 663 亿美元。系统芯片(SoC)加速器(如移动设备中的加速器)将在预测期结束时在绝对数量上领先市场，随后是专用集成电路(ASIC)和图形处理单元(GPU)。就收入而言，到 2025 年，ASIC 市场将是最大的，其次是 GPU 和中央处理器(CPU)。在边缘计算市场，即在设备上进行人工智能计算的市场，预计将占总市场机会的四分之三以上，其余在云或者数据中心。手机将是边缘计算市场的主要驱动力，其他突出的边缘类别包括汽车、智能相机、机器人和无人机等。

图 1.9　全球深度学习芯片收入预测

第 2 章　我国发展现状

在深度学习驱动的科技革命浪潮中，我国在应用技术领域创造了"中国速度"，领跑全球，但是在基础理论和底层技术方面相对薄弱，整体上存在"重应用，轻基础"的结构不均衡问题。

2.1　基础理论和底层技术亟待加强

深度学习的概念和基础模型是由美国和加拿大的学者提出的。近年来深度学习领域在基础理论和底层技术的创新也由欧美学者主导。2015 年 11 月，Google 依据 Apache 协议对其内部大规模使用的深度学习框架 TensorFlow 进行了开源，随后，国外科技巨头纷纷推出自己的深度学习开发框架，如 Facebook 的 Caffe2 和 PyTorch、Microsoft 的 CNTK 等。据统计，目前约 60%的国内开发者都使用 TensorFlow 进行开发。此外，Google 等国外公司已经自研了 AI 芯片，与其深度学习框架进行深度融合，以"深度学习框架+人工智能芯片"的模式，构建智能时代新的"Wintel"联盟，掌控智能时代新的话语权。长期使用国外深度学习框架，将可能影响我国相关的产业安全及数据安全。

表面上开源模式创造了一种开放、免费的技术生态，但实际上国外的开源布局对我国深度学习技术的发展而言，埋藏着隐患。在开源模式下，整个技术的发展方向、路线图，配套的开源生态以及背后的商业模式，全部由开源项目的发起者掌控。发起者不仅控制行业上层应用，还控制底层生态，掌控了全局。以 Google 公司的开源手机操作系统安卓系统为例，Google 不但主导着安卓的技术发展方向，还完全掌控了安卓的商业生态。2019 年 1 月，Google 的安卓官方账号发表 Twitter 表示，将在第三季度对华为、中兴、小米等使用安卓系统的中国手机厂商收取费用。虽然这条 Twitter 不久之后就被删除，但也为我们敲响了警钟。

在基础理论方面不足，在底层技术方面过度依赖国外开源平台，将使我国在深度学习核心环节受制于人，阻碍科技创新，不利于国内企业参与国际竞争。仿佛在起跑线上丧失了优势，创新及工艺再精深，也只是在别人现有的体系中做一些零部件的升级改造。

我国近几年在基础理论和底层技术方面也取得了一些可喜的进展，例如，南京大学的研究团队提出的深度森林方法，是一种不依赖反向传播算法的深度学习模型，具有很强的表征学习能力，在小数据场景下性能优异；百度的 PaddlePaddle 作为国内典型的开源的深度学习框架，自 2016 年正式开源以来，不断发展壮大，已经逐步走向成熟，具备支持广泛场景任务的高效训练和快速上线部署能力。

在深度学习基础理论和底层技术方面，我国还有追赶的机会。这需要政府各部门持续加强支持、引导、扶持，需要高等教育和科研机构、各类学会组织和工业界持续合作。随着我国经济的持续高速发展，产业不断升级，教育规模和质量不断提升，未来深度学习和 AI 的科学研究，工业应用，社会正面影响都会有一个快速发展时期。

2.2 应用技术领先

在应用技术领域，我国的发展创造了"中国速度"，领跑全球。首先，这一轮全球人工智能浪潮是构建在互联网发展基础上的，中国的互联网发展迅猛，有百度、阿里、腾讯这样的大企业，有好的技术积累，这些优势会直接转化为人工智能发展的重要基础。其次，在数据方面，我国巨大的市场规模优势会更加凸显。7.7 亿网民产生的海量数据都可以供机器去学习，让创新迭代更快。最后，人工智能的应用创新会反向带动基础理论研究的发展，带动资本投入、科研经费、人才等的集聚。根据 CB Insights 发布的报告，2017 年中国人工智能创业公司的融资总额占到全球的 48%，超越美国的 38%。

深度学习模型创新多点开花。深度学习一定程度上降低了任务的算法建模复杂度，并且也带来了神经网络设计更多建模的可能。国内在语音、视觉、自然语言处理以至应用系统等各个领域都涌现出很多创新工作。目前语音、视觉领域的主流研究路线大都被深度学习技术统领。自然语言处理领域深度学习也占据了半壁江山，特别是像机器翻译已经完全进入神经网络机器翻译时代。国内在深度学习模型创新上的能力也体现在一些国际评测中取得的良好成绩。

例如，2016 年 ImageNet 大规模视觉识别挑战赛

(ImageNet Large Scale Visual Recognition Challenge, ILSVRC)，来自中国的团队，包括商汤科技、香港中文大学、公安部三所、海康威视、香港城市大学和南京信息工程大学等，包揽了各个项目的冠军。2018 年，在大规模图像识别 WebVision 任务上百度获得冠军。2018 年 11 月 16 日，美国国家标准与技术研究院(NIST)公布的全球人脸识别算法测试(FRVT)结果表明，前五名的团队全部来自中国，被依图科技、商汤科技和中国科学院深圳先进技术研究院包揽。2019 年 1 月，在大规模人脸检测平台 WIDER FACE 的人脸检测竞赛中，中星微 AI 研发的 VIM_FD 算法取得 0.967 的好成绩。

深度学习芯片扭转芯片领域劣势。深度学习的计算特点，对底层硬件有着特殊的需求，这也给新的芯片设计带来了机会。国内对这一领域很早就给予了重视，像寒武纪等公司设计研发出了深度学习的高效专有芯片。当下，国内还有很多人工智能芯片相关的创业公司涌现。整体上，在这一轮技术浪潮中，国内在芯片领域基本与全球领先企业处于同一位置。

深度学习应用如火如荼。目前，大型互联网公司的主要产品线已经广泛应用深度学习技术，而一些技术型公司通过平台建设对外进行技术输出，赋能传统行业；很多创业公司选择垂直场景竞争。这些都促进了深度学习技术的广泛应用。腾讯的中国版 AlphaGo 深度学习围棋系统"绝艺"于 2017 年执白战胜日本围棋 AI "DeepZenGo"，夺得冠军。2018 年"绝艺"正式成为中国国家围棋队训练专用 AI 棋手，与人类携手探索围棋世界。而语音识别、语音合成、人脸识别、OCR、机器翻译、人机对话等各个领域都是深度学习技术在发挥作用，并已逐步大规模落地实际应用，服务于人们的生产生活。

2.3 产业应用蓬勃发展

目前深度学习在国内的应用已经比较广泛，并逐步走向更大的爆发期。对于百度、阿里、腾讯这类大型互联网公司，深度学习应用已经较为普遍，还有更多的创业公司将深度学习应用到垂直场景中。

现在市面上的语音识别系统基本都是基于深度学习技术，识别和合成效果也达到实用水平，语音输入法和智能交互产品不断涌现。深度学习人脸识别技术广泛应用到机场、车站及银行身份验证系统。深度学习视觉技术已经在安防领域发挥重要作用。神经网络机器翻译技术在带来效果大幅提高的同时，也使得翻译产品逐步走向实用，一些翻译机产品开始出现，并向同传场景发展。在医疗辅助诊断方向，可以基于医学影像、检查检验结果和病史等多个维度的深度诊断，给出具体病症预测，为医生提供了很好的决策基础。

在电力行业的电网电能质量分析、优化电网调度提升效率等方面，深度学习技术都可以发挥作用。零售行业上深度学习技术可以帮助便利店和超市预判未来一段时间的销售情况，进而更准确地控制商品的数量，这样不仅有效地提高了消费者购买的质量，更可以避免了食品的大量浪费。深度学习方法应用于农业不仅提高了数据处理的效率和准确度，还提高了研究结果的精度。深度学习等技术对生产环节的赋能，将会把工人从重复、低效和繁重的体力工作中解放出来。

第 3 章 我国热点亮点

3.1 AI 芯 片

3.1.1 发展 AI 芯片刻不容缓

2018 年 4 月，美国商务部对国内公司的一纸禁令，引发了人们对我国芯片产业现状的密切关注。整体来看，我国在高端芯片行业，尤其在 CPU 等计算机高端核心芯片领域，处于追赶的局面。高端芯片相关的核心技术和知识产权掌握在外国公司手中。然而，集成电路技术发展逐渐接近物理学极限，与此同时以深度学习为驱动力的新一轮人工智能热潮全面爆发，我国在芯片制造技术方面得到了技术追赶的宝贵机会。其中，自主可控的深度学习框架和 AI 芯片将起到至关重要的作用。AI 芯片等硬件基础是人工智能算力的核心，而深度学习框架则相当于人工智能时代的操作系统，研发与深度学习框架相结合的 AI 芯片，构建软硬结合的技术体系，支撑从算法研发、模型训练到行业应用的全部流程，打造完整的 AI 技术生态，才能实现弯道超车，形成人工智能时代的技术制高点。

伴随人工智能热潮，AI 芯片的发展也呈现快速增长的态势。根据 Tractica 的预测，如图 3.1 所示，AI 芯片收入将从 2016 年的 5.13 亿美元(约 34 亿元)增长到 2025 年的

122 亿美元(约 813 亿元)，复合年增长率 42.2%。AI 芯片出货量将从 2016 年的 86.3 万增长至 2025 年的 4120 万，如图 3.2 所示。对比不同类型的芯片，更适用于大规模并行计算的 GPU 芯片、为深度学习量身定制的 ASIC 芯片，比传统 CPU 芯片增长更为迅速，占比显著提升。

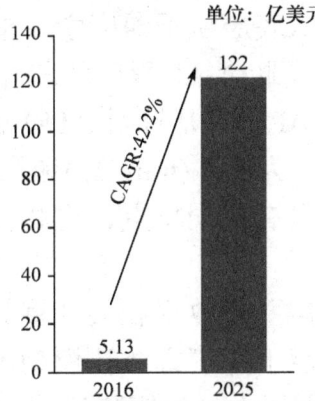

图 3.1 全球 AI 芯片收入预测

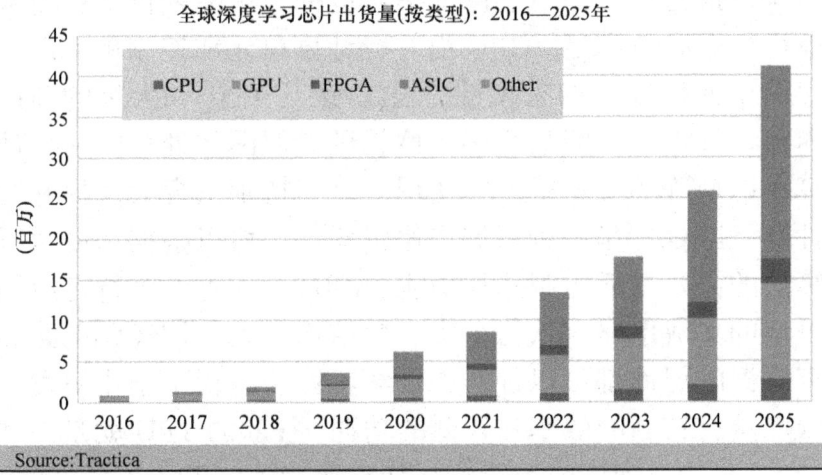

图 3.2 全球深度学习芯片出货量预测

3.1.2 与深度学习相融共生的 AI 芯片技术

AI 芯片和深度学习框架是当前人工智能产业生态的核心元素，深度学习框架将深度神经网络转换为可在芯片上执行的机器指令，AI 芯片则为深度学习框架提供针对性优化过的指令集，从底层赋予深度学习框架更高的性能。

广义来说，能够驱动 AI 程序的芯片，都称 AI 芯片。狭义上讲，真正的 AI 芯片是针对 AI 算法进行了特殊设计的芯片。深度学习分为训练(training)和推断(inference)两个阶段，这两个阶段具有不同特点，也相应对芯片提出不同的要求。

训练阶段通常需要大数据和大计算算力的支持。训练过程中通过随机梯度下降等方法让模型不断地拟合训练样本数据，整个过程需要大量的矩阵运算。传统的 CPU 主要是串行执行指令，对于深度学习这种大规模并行计算需求往往很难高效满足。GPU 由并行计算单元和控制单元以及存储单元构成，拥有大量的核(多达几千个)和大量的高速内存，计算单元明显增多，擅长做类似图像处理的并行计算，以矩阵的分布式形式实现计算，特别适合大规模并行计算。FPGA 是一种可编程逻辑器件，可以根据深度学习算法的需要灵活定制芯片功能。ASIC 是一种专为特定应用设计的集成电路，从指令集、微结构、人工神经元电路和存储器的层面都可以针对深度学习算法进行定制化研发，因此具有较高的效率和较低的功耗。谷歌的 TPU 就是一种 ASIC 芯片。深度学习算法往往需要 GPU、FPGA 或 ASIC 专用芯片，甚至是大规模的分布式集群来加快训练速度。目前国内外大的人工智能公司都已建立庞大的 GPU/TPU

集群。

模型推断指的是利用训练好的模型,根据实际应用中产生的数据去预测结果。推断阶段需要的计算量相比模型训练要少很多,但对于推断速度和计算功耗往往有一定的要求。一些应用任务选择把采集的数据上传到云端,在云端服务器进行推理计算,并实时回传推理结果的方式。云 AI 芯片的特点是性能强、能够同时支持大量运算,能够灵活地支持图片、语音、视频、自然语言等不同 AI 应用,例如,在线翻译、人证比对等。对于一些速度要求极高,没有网络环境支持,或者无法承担实时网络传输带来的功耗的任务,需要专门针对该任务研发定制化 AI 芯片。端 AI 芯片嵌入设备内部,其体积小、耗电少,性能不需要特别强大,通常支持一两种 AI 能力,现在手机、摄像头里的芯片都已开始陆续 AI 化。

当前,AI 芯片无论是通用型的 CPU 和 GPU,还是 FPGA 和 ASIC,在适配、功耗、性能等方面仍存在各种各样的欠缺,加上深度学习算法以及深度学习框架还一直在快速发展和进化中,而芯片的设计研发周期普遍较长,只有非常成熟的算法才适合固化到芯片上。整体来看,与深度学习框架紧密结合,灵活的架构,以及高性能、低功耗等是决定 AI 芯片发展的关键要素。AI 芯片技术的发展有如下特点。

(1) 深度学习框架和 AI 芯片结合。人工智能大量的应用是基于深度学习的,但绝大多数应用是基于现有的深度学习框架,而深度学习框架与 AI 芯片密切相关,需要在芯片层、指令集层进行优化,才能让其效率更高、性能更好。深度学习框架和 AI 芯片结合，是搭建整个 AI 软硬件生态的核心之一。

(2) 高效的架构重构能力或自学习能力。为了让芯片开发能够应对算法多样化和快速演进的挑战，需要 AI 芯片能够应对不同类型的应用需求，需要 AI 芯片在训练或应用的过程中具有高效的架构重构能力，或能自发学习和改变，并非遵循预先设计好的算法。

(3) 高算力且可编程的能力。AI 芯片具有可编程性且具备高效率低功耗的计算能力，以适应深度学习算法的快速发展，适应各种算法模型和各种应用。

(4) 高效能小体积。AI 芯片具有高性能、低功耗、体积小、稳定可靠等特点，能够适配多种场景，可以内置于各种便携设备，从而在消费电子、医疗、教育、物流、安防等场景可以充分发挥 AI 的作用。

(5) AI 芯片开发工具简便易用。AI 芯片的大规模并行计算的特点，导致 AI 芯片的设计复杂并且有很大难度，芯片设计每个流程的运行时间很长，定制化芯片需求千差万别，因而短时间找到最优方案并成功开发极具挑战，需要更易用的 AI 芯片开发工具，甚至在不久的将来开发不需要用户具备多少芯片知识就可以定制出需要的芯片架构。

3.1.3 多样化的 AI 芯片应用

按照应用场景，AI 芯片可以简单地分为：①用于云端服务器机房等地的云 AI 芯片，各家公有云服务厂商都部署了高性能云计算服务器，应用于视频编解码、深度学习、科学计算等，应用场景将不断丰富；②用于端智能设备、

IoT 设备的终端 AI 芯片,具体应用场景更为多样化,智能手机、ADAS、智能摄像头、语音交互、VR/AR 等设备需求各异,需要更为定制化、低功耗、低成本的嵌入式解决方案,市场竞争生态也更加多样化。AI 芯片的应用包括如下几个方面。

(1) 云端数据中心。云 AI 芯片的特点是性能强大、能够同时支持大量运算、并且能够灵活地支持图片、语音、视频等不同 AI 应用。这是一个体量巨大的市场,同时也是各类芯片巨头竞争最激烈的场景。国内科技公司如百度、阿里、腾讯、科大讯飞等也都陆续进军云 AI 芯片领域,不过暂时以投资动向居多,其中国内在 2017 年 8 月发布了 256 核基于 FPGA 的云计算 AI 芯片 XPU,在 2018 年 7 月发布了自主研发的云端全功能 AI 芯片"昆仑"。

(2) 安防。AI 芯片目前应用量较多的方向之一就是视频监控。据不完全统计,现阶段国内 AI 芯片初创企业中,有超过八成选择布局安防市场。随着安防行业需求逐渐明确,AI 安防芯片市场也在强劲发展。这几年进程间通信(Inter-Processing Communication,IPC)SoC 芯片的增长速度很快,其中代表产品之一是华为海思,使得华为的安防产品线已从后台走向前端。中星微也发布了嵌入式神经网络处理器(NPU)芯片,基于深度学习的芯片运用在人脸识别上,准确率超过人眼识别率。寒武纪 2018 年 5 月发布云端智能芯片 MLU100,可在平衡和高性能两种模式下工作,而典型板级功耗仅为 80 瓦,峰值功耗不超过 110 瓦。

(3) 家居/消费电子。在万物智联的场景中,设备与设备间将互联互通,形成数据交互、共享的崭新生态。在这个过程里，终端不仅需要有更加高效的算力，在大多数场景中，还必须具有本地自主决断及响应能力。在智能家居的场景下，通过自然语音的方式与终端设备进行交互，在当前已成为行业主流。由于家庭场景的特殊性，家用终端设备需精准区分、提取正确的用户命令。因此，智能家居领域的语音交互对于边缘计算也提出了更高要求。目前在移动互联网及智能手机上的主要应用包括手机解锁和支付上的人脸识别、网络直播和美颜相机上的照片优化，以及应用推送及优化上的用户画像技术等。2018年9月华为发布的AI芯片——麒麟980，搭载寒武纪1A的优化版，采用双核结构，其图像识别速度大幅提升，允许同时实时"跟踪"多个对象，能在视频中"换背景"，实现每分钟图像识别4500张。除了图像处理,还采用智能的预测和调度机制。系统可根据运载应用的功耗，将智能做三级调度，超大核主要用于游戏，大核用于社交通信等，小核则在听音乐时发挥作用。

(4) 无人驾驶。AI芯片正在成为自动驾驶计算平台的核心组成部分，由英伟达、英特尔这样的芯片公司研发的计算平台和创业公司研发的自动驾驶计算平台，提供给整车厂和Tier-1汽车配件商巨头，落地到自动驾驶解决方案中。从技术路线来看，自动驾驶芯片延续了与其高度相关的深度学习所采用的几类硬件技术路线：GPU、FPGA、ASIC。按照国际汽车工程师协会(International Society of Automotive Engineers，SAE International)的自动驾驶等级标准，目前已商用的自动驾驶芯片基本处于高级驾驶辅助系统(ADAS)阶段，可实现L1-L2等级的辅助驾驶和半自动驾驶；而面向 L4-L5 超高度自动驾驶及全自动驾驶的 AI 芯片离规模化商用仍有距离。国内初创公司飞步科技研发的具备完全自主知识产权的国产 28nm 深度学习加速器，基于飞步自创的 MPV 架构，支持相机、激光雷达和毫米波雷达等多种传感器接入，对环境进行实时高精度的三维感知；具有大于 1GHz 的运算频率，以及大于 4TOPs 的超强计算能力，功耗和成本等各项关键指标，也取得重要突破，完全支持 L3/L4 的实时数据处理需求。

除了现有的安防、家居/消费电子、无人驾驶汽车、云计算等应用行业，AI 芯片未来在教育、医疗、制造等行业也将有新的增长空间。

3.2 深度学习框架

人工智能芯片和深度学习框架，是深度学习领域最为核心的两项基础设施，在人工智能行业的发展中，起到至关重要的作用。深度学习框架已经成为研究者和开发者从事人工智能研究、开发人工智能应用的必备工具。

3.2.1 深度学习框架的发展现状

随着深度学习技术的逐步成熟，开发过程也变得越来越模块化，因此支持深度学习开发的基础工具——深度学习框架应运而生。比较早期的、有代表性的深度学习框架是 2010 年由蒙特利尔大学开源的 Theano。其后，加州大学伯克利分校在 2013 年开源了重点面向计算机视觉应用的 Caffe。随后，互联网公司纷纷加大了深度学习框架的研发力度，并进行开源。Google 在 2015 年开源了 TensorFlow、百度在 2016 年开源了 PaddlePaddle，Facebook 在 2017 年开源了 PyTorch。Caffe 最开始是为视觉类的深度学习算法开发的，包含了非常全面的计算机视觉的算法模型，至今仍被计算机视觉领域广泛应用。TensorFlow 设计并实现了完善的计算图结构，对大规模并行计算的支持较好，同时支持细粒度的算子组网，功能更加强大。PyTorch 是通过命令式的方式进行模型编程的深度学习框架，有较好的易用性。

百度从 2012 开始研发具备完全自主知识产权的深度学习框架，除了已为百度内部业务提供技术支撑外，也已于 2016 年将深度学习框架 PaddlePaddle 开源，并在开源社区 Github 及百度 AI 开放平台开放，供广大开发者下载使用，成为国内典型的、完整的、开源开放的深度学习框架。国内的其他大型互联网公司，如阿里、腾讯等，也开始意识到深度学习框架的重要性，并着手布局。例如，腾讯和小米分别开源了移动端的深度学习预测引擎 NCNN 和 Mace。

3.2.2 深度学习框架的构成

随着深度学习框架的发展，深度神经网络结构的设计已经高度模块化。开发者只需要在比较宏观的层面上选择组件、构建网络、定制参数，就可以实现深度神经网络的设计。而深度学习框架负责解释开发者定制的网络，并将其转换成芯片可以执行的指令，进而进行模型训练和推断工作。一个优秀的深度学习框架，一方面要对开发者友好，能提供丰富的组件以及便捷的组网方式，另一方面要和 AI 芯片紧密结合，实现高效的训练和推断。

深度学习框架由核心训练和预测框架、系统调用接口、配套模块和组件共同构成。给定一定规模的数据，开发者调用系统接口组建网络并进行训练，从而生成一个深度学习模型；将该模型部署到各种场景后，可以调用系统的预测接口用训练好的模型完成任务。其中，核心训练和预测框架实现基础训练和预测功能，支持大规模并行训练，并与底层芯片特性紧密结合实现性能优化和多设备适配部署，包含以下几个组成部分：

(1) 模型组网，深度学习框架首先需要支持组建深度学习模型。现在主流深度学习框架都首先支持 Python 编程语言的模型组网。部分框架还支持其他的编程语言，如 Java, Go, C++等。为了支持多样的深度学习模型，深度学习框架提供大量的编程接口。

(2) 算子库，通常包含深度学习框架的主要计算逻辑，比如卷积，激活。主流的深度学习框架，如 TensorFlow 和 PaddlePaddle 通常包含上千个算子，需要投入大量的人力和时间积累、维护。由于深度学习框架需要支持非常多的算子，因此这块的设计一般是模块化和支持第三方快速扩展的。

(3) 图中间表达，中间表达是介于框架用户编写的模型和框架执行器中间的一个数据结构。在深度学习框架中广泛采用图来作为中间表达。图的中间表达对于框架的性能提升、显存优化、模型的改写优化，以及各种高级策略至关重要。

(4) 执行引擎，主要负责执行图中间表达。执行器通常不具有深度学习相关的逻辑。它看到的只是一个可以执行、调度的数据结构，然后通过多线程、多 GPU，或者分布式的方法执行这个数据结构中的计算。

(5) 数据读取和预处理，该模块需要将训练或者预测的数据高效地读取。对于许多模型，常常需要进行复杂的预处理计算。虽然数据处理不是深度学习模型的主体计算逻辑，但是往往容易成为性能瓶颈。深度学习框架通常会提供辅助性的工具帮助用户配置高性能的数据读取和预处理模块。

(6) 并行训练，深度学习框架通常会支持多种并行训练的配置。数据并行训练，是一种比较简单和广泛适用的并行训练配置。通常根据目前拥有的硬件个数对训练数据进行切分，在多个计算硬件上并行训练部分数据。模型并行训练，通常是在模型规模比较庞大的时候需要使用。目前 GPU 的显存一般不超过几十 G，许多深度学习模型即使在样本数等于 1 的时候也无法在单个 GPU 上训练。另外对许多模型，小样本数也会影响收敛的速度和最终的精度。有些模型，比如大规模的稀疏模型，模型的局部会非常巨大，需要把这个巨大的模块进行切分，分散在多个设备上。从另一个角度，并行训练可以分为同步训练和异步训练。同步训练通常表示并行训练的设备需要在每一次训练迭代完成一次全局的同步，才能进入下一次训练迭代。与同步训练不同，异步训练中，不同的硬件设备不需要在每一次迭代同步。一个设备完成一步迭代进入下一步时，可能另一个设备正处在一个迭代的一半。当使用分布式多机训练时，常常把参数(状态)放在独立的参数服务器中。多个训练服务器将更新发送到参数服务器，对参数进行更新，并从参数服务器获取新的参数。参数服务器的模式支持同步训练和异步训练。

  一方面，随着数据规模的持续扩大，基于深度学习的大规模训练往往需要在云端进行，因此实现云端异构硬件设备的适配和加速，提升资源利用率也是深度学习框架的一个重要研究方向。另一方面，随着移动设备的广泛普及和端上数据的快速增加，如何有效利用端上的算力，并规避云端训练和数据上传带来的数据安全和隐私泄露问题也日益引起关注。深度学习框架对分布式训练的支持也开始从云端服务器集群扩展到广泛的用户移动设备上，这需要从架构、算法以及和应用相结合的全面设计。

  在训练之后，需要利用预测框架实现模型的部署。预测框架除包括上述核心框架中(1)～(5)的功能，同时更加关注前向计算的逻辑和真实部署中的性能加速，以及对包括云和端在内的更多硬件设备的支持。一个基于深度学习的应用常常需要部署在移动端或者更多的边缘计算设备上。一方面需要精简框架和实现移动端硬件的算子，比如实现 ARM CPU/GPU 和 FPGA 上运行的算子。另一方面是要支持模型压缩、量化、剪枝等一系列的优化策略，在满足精度的前提下，尽量降低能耗和体积消耗。因此，模型压缩、硬件环境适配、硬件功耗等也是重要的研究方向。

  除了深度学习内核和系统调用接口外，深度学习框架还包括一系列的配套工具和组件，比如深度学习的可视化工具可以实现模型结构、内部参数等的可视化，便于调试和发现问题。再如模型的压缩工具、模型格式的转换工具等，都可以大幅提升开发者开发深度学习应用的效率。

3.2.3 深度学习框架的研究热点

深度学习框架的设计要综合考虑易用性、稳定性、系统性能等多个因素。首先，深度学习框架需要能够支持研究者和开发者高效地进行人工智能算法模型和应用的开发，因此易用性是一个重要考量因素。其次，为了能够支持企业级应用，框架的稳定可靠性也至关重要。最后，由于深度学习框架往往要处理超大规模的多模态数据，因此训练和预测的性能对实际应用也有很大的影响。深度学习框架处于硬件层和应用层之间，深度学习框架与芯片紧密配合，吸引开发者在此基础上开发大量人工智能应用，进而构成一个完整的人工智能生态。

深度学习的发展伴随着硬件芯片的加速发展。比如各类 CPU、GPU、FPGA，还有许多 AI 芯片如 TPU、NPU 等，计算架构有 CUDA、OpenCL、Metal 等，甚至汇编和指令重新实现大量的算子。用一种与硬件无关的方式实现一次这些算子的计算逻辑，然后通过通用编译器进行模型的全局优化，最后由各个硬件公司负责把优化后的统一中间表达转化成机器可执行文件。因此通用编译器已经成为当前深度学习框架研究的热点之一。

深度学习框架设计方面，动态图与静态图是两种经典的设计方式。Symbolic 模式的框架使用静态图，并且图的结构常常暴露到用户使用的编程接口层面，易用性不足，但是性能优异。Imperative 模式的框架本身不存在静态的图中间表达，图在程序执行过程中动态创建和销毁。框架设计同时获得两者的优势，避免两者的劣势也是深度学习框架的重要演进方向。

深度学习框架陆续开源，已经大幅降低了深度学习开发的门槛，但直接基于深度学习框架开发和设计新的模型算法，仍有较高的技术门槛。因此，网络结构自动化设计的研究越来越多，通过机器学习来设计深度学习模型，减少依赖经验和反复尝试调参，弥补深度学习专家的稀缺，比较典型的产品如 Google 的 AutoML 和百度的 AutoDL 等。同时，零算法基础的快速应用平台等降低技术门槛的平台开始出现，极大降低了深度学习应用的入门成本。

3.3 自动化深度学习

3.3.1 自动化深度学习的发展现状

在深度学习当中，网络设计是一项核心能力。比如在 ImageNet 图像分类的竞赛中，每次算法迭代都伴随着一种全新的网络结构的产生。可以说深度学习的发展史也伴随着深度学习网络结构的变化。但是现在深度学习网络设计能力主要掌握在大企业的研发中心和高等院校中间，广大开发者和中小企业想要掌握这种设计能力，面临着诸多挑战。比如说现在网络结构越来越复杂，从最初的几十层到现在的几百层、上千层，乃至于上万层；对大规模数据依赖性强，需要具有网络设计专业知识，设计的成本非常高。

针对这一情况，自动化深度学习成为深度学习中的关键核心能力。未来深度学习一定是通过大规模的、自动化的、定制化的设计来满足企业/个人的需求。在自动化深度学习中，深度学习的模型和网络结构会像工业产品一样被大规模的生产出来，以适应不同应用场景、不同硬件、不同数据模态的需求。因此，Google 提出让深度学习平民化，让所有人都拥有深度学习建模的能力。百度提出"开放普惠 AI"的理念，认为深度学习网络设计的能力应该开放，应该降低门槛，让所有开发者都拥有这项能力。

在国外，谷歌暂时处于自动化深度学习领先地位。谷歌 Cloud AutoML 基于渐进式架构搜索技术和迁移学习方法，目前开放了图像分类、自然语言处理和翻译功能。微软 Custom Vision Services 为用户提供视觉模型自动训练解决方案。亚马逊利用其云平台在数据体量与用户工具方面的优势，提供 Amazon ML 机器自动建模服务，其主要技术依赖于预先优化的经典模型。

在国内，百度发布了 AutoDL，大幅降低深度学习技术门槛且实现高效定制。AutoDL 就是用深度学习来设计深度学习，从而实现让广大开发者都能够快速用到深度学习的能力。阿里云机器学习平台构建在阿里云 MaxCompute 之上，通过对底层分布式算法的封装提供拖拽可视化操作环境。

表 3.1 总结了国内外自动化深度学习的主要产品。

表 3.1　主要自动深度学习服务提供商

提供功能	公司	产品
自动化模型选择 自动化超参数调整	谷歌	Cloud AutoML
	百度	AutoDL
	微软	Custom Vision Services
	Amazon	Amazon ML
	IBM	Watson Studio
自动化超参数调整	Alibaba	Aliyun

3.3.2 自动化深度学习的核心技术

自动化深度学习的核心技术包括深度强化学习(Deep Reinforcement Learning)、迁移学习(Transfer Learning)、数据增强、超参数优化等几个方面。

(1) 强化学习。基于强化学习的模型设计包含模型生成单元和验证单元。模型生成单元首先按照随机初始化的一定策略生成一系列子网络，子网络在指标数据集上训练之后验证的正确率作为收益反馈生成单元，生成单元根据模型效果更新设计策略并进行新一轮的尝试。自动化设计的行动空间包含卷积、池化、残差、组卷积等操作，可以微观设计卷积网络的重复子结构，也可以宏观设计网络的全局架构，搜索空间包含了大量不同结构的神经网络。除搜索在指标数据集上具有较高正确率的神经架构外，自动化深度学习可以根据神经网络参数数量、浮点运算数、计算强度等约束进行多目标优化，搜索在目标环境下的帕累托最优网络。

(2) 迁移学习。迁移学习是指借助相关的辅助任务来优化自己目标任务的一种技术，一般适用于目标任务标注数据量较少的场景。通常的做法是，利用训练样本丰富的源任务训练好源模型，利用迁移学习的技术帮助目标任务的模型优化效果或加速训练。迁移学习有四类常见的方法：一是基于模型结构。深度神经网络体现出分层次的特点，即靠近输入的底层特征表示颜色、纹理等更底层通用的信息，而靠近输出的高层特征表示物体、语义等高层次信息。少量样本条件下，为提升泛化能力，迁移学习往往固定通用特征，只优化和任务相关的高层特征。二是基于样本。

基本的思路是，在源任务中找到和目标任务的样本比较接近的子集，把这些数据的权重增大，从而改变源任务的样本分布使其更接近目标任务。三是改进正则化。与一般的从头训练相比，迁移学习中由于目标任务和源任务有一定的关联，可以改进权重分布的先验假设，也就是设计更合理的正则化项。四是引入适配器。由于深度网络参数数量巨大，直接利用有限的目标数据训练容易过拟合。基于迁移学习中目标任务和源任务非常相关的特点，可以固定较大的原始网络，而引入参数较少的适配器进行针对性的训练，使原始网络可以适用于新任务。

(3) 数据增强。深度学习需要大量的有标记的训练数据，但在实际任务中，一般训练数据集都是有限的。数据增强是解决小数据量的一个有效手段。数据增强通过变换或合成等操作，产生和训练数据集相似的数据集。新产生的数据集可用于扩充训练数据集，提高模型泛化能力，也可以通过引入噪声数据，提升模型的鲁棒性。常见的数据增强主要包括三个方面，传统的数据增强方法、近年提出的简单有效的数据增强方法以及自动数据增强方法等。传统的数据增强方法主要包括翻转、旋转、缩放、平移、随机裁剪、添加噪声等多种操作；简单的数据增强方法主要包括 Cutout、Mixup、Pairing samples、Random Erasing 等方法，这些方法尽管操作简单，但能取得较好的增强效果；自动数据增强方法是基于强化学习的自动数据增强方法，能够将某一数据集上获得较好效果的数据增强方法迁移到其他类似的数据集。

(4) 超参数优化。深度学习中，超参数起到了非常重要的作用。研究表明在简单的长短时记忆(Long Short-Term Memory, LSTM)网络上面,只要超参数设置正确,完全可以达到或超越很多复杂模型的效果。手工调参需要机器学习的经验和技巧。机器学习专家花费大量宝贵时间在调参上,拖慢了创新的速度,阻碍了深度学习的推广,导致人工智能缺乏普惠性。自动化深度学习所做的超参数优化,可以提供对人工调参的有效替代。其基本思路是,建立验证集损失函数和超参数的关系,将该函数对超参数求导,从而利用梯度下降方法对超参数进行优化。然而,超参数的导数计算起来非常复杂,有很高的时间和空间复杂度,无法应用在主流大规模深度模型上。现在的研究重点在于寻找简化和近似的计算方法,从而将此技术在主流深度模型上加以应用。

3.3.3 自动化深度学习的典型应用

1. 定制化网络结构设计

自动化深度学习可利用其高效的搜索算法和强大的计算资源支持,在特定任务上搜索出性能更好的网络结构[11]。目前在一些图像识别公开评测集上,如 Cifar10,深度学习自动设计的网络结构效果已经超过人类科学家设计的经典网络。在人脸关键点任务上,百度在最近的实验中也发现,相比人工设计的网络,在保持精度略增的情况下,搜索出来的网络不但模型减小 30%,而且预测速度快 40%。自动化深度学习犹如一个模型生产工厂,一旦搜索算法训练成功,即可大量产生性能接近但结构完全不同的新网络,利用这些不同的模型进行集成学习,可以进一步提升目标任务的效果。所以针对应用中对数据非常敏感的深度学习模型，自动化深度学习可获得有效提升。这样的应用包括大规模图像的分类任务、语音识别、机器翻译等。

2. 小数据建模[12]

实际应用中许多任务由于样本量有限，难以训练出高性能深度学习模型。自动化深度学习结合大数据预训练模型和迁移学习技术，可以为这样的轻量级任务提供快速、方便的设计和训练。百度的 EasyDL、微软的 Custom Vision 等产品都是自动化深度学习中应用迁移学习技术的代表。例如 EasyDL 为用户提供方便的深度学习模型定制平台，用户只需要上传自己的训练数据，EasyDL 在后台的计算集群上利用自动化深度学习技术自动为用户设计和训练模型。对于常见的有数千个样本的图片分类任务，用户只需要等待十分钟，即可得到训练好的模型，然后可通过下载模型实现本地预测或通过 API 在线预测。

3. 边缘计算

随着物联网和智能设备的普及，市场对边缘计算提出了越来越多的应用需求。服务器的算力虽然强大，但无法部署到每个需要数据处理的角落，如果通过云服务的方式，很多应用无法接受巨大的延迟和数据传输。从技术上看，自动化深度学习提出了新的边缘计算思路，例如通过共享参数，将资源限制和性能损失一起作为训练目标等[13]。自动化深度学习边缘计算可以将 GPU 上运行的大模型在性能几乎无损的情况下压缩到可以在手机、pad、车载芯片等内存有限，甚至操作指令有限的终端设备上使用，其预测时间也低于原始大模型。进一步，自动化深度学习还将支持各种终端设备的混合部署，以最大限度地提升资源利用效率，例如 CPU、GPU、FPGA 异构设备等。在未来几年中，随着 5G 网络的广泛应用，AI+边缘计算会有广阔的应用前景。

3.4 深度学习模型

在图像分类、语音识别等感知技术评测竞赛中，AI 的成绩已经超过了人类的水平。在自然语言处理等认知技术领域，AI 也取得了令人瞩目的成果。例如，AI 写作的古诗，达到了让用户真假难辨的程度。通过深度学习技术，将图像、语音、语言等多模态异构信息映射到统一的特征空间中，形成一致的表示形式，使得基于多模态的深度语义理解成为可能，也催生了看图说话、视觉问答等新型多模态研究课题和技术方向。

3.4.1 视觉模型

视觉技术包括图像分类、目标检测、语义分割、深度估计等。

(1) 图像分类

图像分类是计算机视觉领域应用深度学习较早、也较广泛的领域，其目标是将一张图像划分到一个既定类别。图像分类中的一些经典模型也成为检测、分割等其他任务的骨干(Backbone)网络。一方面，ImageNet 等数据集及相关竞赛的开展大力地推动了经典大模型，尤其是前馈神经网络模型的发展，从 AlexNet 到 VGG，到 GoogleNet，再到 ResNet 和 DenseNet 等。神经网络模型层数越来越深，从几层到上千层，研究的重点主要为梯度信息有效传播等问题，促使网络能够得到更快更稳定的收敛。另一方面，随着边缘设备近两年的普及，要求网络在模型大小、预测速度等方面取得平衡，小型化模型的需求也越来越强烈。Google 研发的 MobileNets 系列和旷视科技研发的 ShuffleNets 成为人工设计的经典小型化网络。

(2) 目标检测

和图像分类一样，目标(或物体)检测也是同样古老，且研究广泛的领域。给定一个图像，目标检测对图像中的对象进行识别，为各个对象输出边界框和标签，因而更具挑战性。一般而言，在基于深度学习的模型中，有两种类型，即 One-Stage 和 Two-Stage 的模型。Two-Stage 方法以图像分类为基础，即先提出物体潜在的候选区域(proposal)，然后通过分类方法进行识别。典型的 Two-Stage 方法是 R-CNN 系列，从 R-CNN 到 Fast R-CNN、R-FCN 和 Faster R-CNN，检测效率不断提高。如，Faster R-CNN 模型提出了候选区域生成网络(RPN)，用来代替选择搜索算法，将所有内容整合在一个网络中，大大提高了检测速度和精度。尽管 Two-Stage 方法的速度不断提升，但仍难以满足部分场景实时性的需求。不同于 Two-Stage 方法的分步训练共享检测结果，One-Stage 方法基于回归方法，能实现完整单次训练共享特征，且在保证一定准确率的前提下，速度得到极大提升。比较重要的方法包括 YOLO 和 SSD 系列。近一两年来，基于这两种方法，很多学者提出了各种改进方案。如复旦学者基于 DenseNet

和 SSD 提出了 DSOD(Deeply Supervised Object Detector)方法。清华学者结合 Two-Stage 方法和 One-Stage 方法的优势提出了 RON(Reverse Connection with Objectness Prior Networks)方法，北航学者在 SSD 网络中引入 Receptive Field Block (RFB)，提出了 RFBNet。此外，旷视科技提出了 MegDet 等方法，在最近两年的 COCO 检测上多次夺冠。

(3) 语义分割

与图像分类在图像级别给出类别以及目标检测在物体级别给出类别不同，语义分割需要标注出图像中每个像素点的对象类别，从而达到稠密预测。目前工业界在无人车感知和增强现实上均有应用。典型的深度学习方法是全卷积神经网络(Fully Convolutional Network，FCN)。FCN 模型输入一幅图像后直接在输出端得到每个像素所属的类别，从而实现端到端的图像语义分割。之后，很多改进的措施被提出来，比如 U 型网络(U-Net)，空洞卷积(Dilated Convolution)等。近年来比较有效的语义分割方法包括 Google 提出的 DeepLab 系列和港中文(商汤)提出的金字塔场景解析网络 (Pyramid Scene Parsing Network, PSPNet)。最近的发展趋势一方面是优化效果，一方面是加速预测。除了整图的语义分割外，实例分割(Instance Segmentation)在语义分割基础上，还要区分出同一语义的不同实例(例如不同的人)，也是近年来的热点之一。实例分割比较典型的方法包括 Facebook 华人学者何凯明在 Faster R-CNN 基础上增加分割分支而提出的 Mask R-CNN 方法。

(4) 深度估计

基于单目的深度估计方法通常利用单一视角的图像数

据作为输入，直接预测图像中每个像素对应的深度值。因为这种方法具有方便部署、计算成本低等优点，受到了学术界和工业界日益增长的关注，在无人车和机器人导航等领域具有应用价值。2014年CNN被纽约大学学者应用到单目深度估计，成为深度学习在该领域应用的基线。然而单目深度估计通常需要大量的深度标注数据，而这类数据通常采集成本较高。近年来的改进思路主要是在训练过程中引入隐式的几何约束，通过几何变换，使用一侧摄像机图像预测的深度图生成另一侧摄像机的图像数据，从而减少对数据的依赖。如，商汤科技在CVPR 2018发表论文，提出单视图双目匹配模型(Single View Stereo Matching, SVS)[14]，仅用少量的深度标注数据就可以在卡尔斯鲁厄理工学院和丰田美国技术研究院(Karlsruhe Institute of Technology and Toyota Technological Institute at Chicago, KITTI)数据集上超过之前的所有单目深度估计方法，并仅靠单目图像数据就超过了双目匹配算法块匹配(Block Matching)的深度估计精度。

除了图像技术，随着近两年短/小视频成为互联网用户消费的新媒体形式，以及智慧城市、新零售的兴起，视频处理与理解技术应用也日新月异。重要的课题包括视频分类、目标跟踪等。

(1) 视频分类

与图像分类类似，在视频领域，分类也是最为关键的技术。Google主导的ActivityNet竞赛发布了目前视频领域最大的数据集，不断推动这个领域的进展。就方法而言，牛津大学提出的双流卷积网络(Two-Stream Convolutional

Networks)是提出比较早,且有效的深度学习方法,该方法通过对表观特征(RGB)和运动特征的后融合得到非常不错的效果,达到与传统方法相媲美的效果。双流卷积网络是基于 2D 卷积核的。近年来,很多学者通过扩展 2D 卷积核到 3D,或者 2D/3D 结合,提出了许多 3D CNN 来实现视频分类,包括 I3D,C3D,P3D 等。视频分类中的一项重要任务是视频动作检测,一般包括两个:①时序动作提名,产生候选视频时序片段,类似于 Faster-RCNN 中的 RPN 网络的作用;②动作分类,即判断候选视频时序片段的动作类别。在 ActivityNet 竞赛上,也包括动作片段候选提名和动作检测两项任务。近两年,这两项任务的冠军基本被上海交通大学和百度获得,其中上海交通大学 2018 年提出了 BSN(Boundary Sensitive Network)网络,百度则提出了相应的动作候选网络、注意力簇(Attention Clusters)、广义紧凑非局部网络等。

(2) 目标跟踪

目标跟踪指在特定场景跟踪某一个或多个特定感兴趣目标对象的过程。多目标跟踪是对视频图像中的多个感兴趣目标轨迹进行跟踪并提取,并通过时域关联得到其运动轨迹信息,更具挑战性。目标跟踪方法可以分为两类:生成式(generative method)和判别式(discriminative method)。其中,生成式方法主要运用生成模型描述目标的表观特征,之后通过搜索候选目标来最小化重构误差。判别式方法通过训练分类器来区分目标和背景,因而也称作检测跟踪(tracking-by-detection)方法,其性能更为稳定,逐渐成为目标跟踪这一领域的主要研究方法。近年比较流行的方法包括基于孪生网络(Siamese Network)的一系列跟踪方法。值得一提的是，在国际多目标跟踪领域最权威的测评平台 MOT Challenge 上，中国战队近两年表现不俗。

(3) 图像/视频生成

与上述大部分判别式模型不同,生成模型的输入是图像具备的性质，而输出是性质对应的图像，因而相当于构建了图像的分布，利用这类模型，可以完成图像/视频自动生成(采样)、图像信息补全等工作。目前最为流行的两种深度生成模型是变分自编码器(VAEs)和生成式对抗网络(GAN)。GAN 模型自从 2014 年被提出之后，一直受到广泛的关注。近两年,GAN 在图像翻译(即从图像生成图像)上进展迅猛,逐渐贴近实用。一条技术路线从 Pix2Pix(CVPR2017)需要准备成对数据，到 CycleGAN (ICCV2017)仅需要不成对数据，再到可以跨多域的 StarGAN(CVPR2018)，逐步减少 GAN 的应用限制，另外一条技术路线——包括 NVidia 和 Google 分别提出的 Pix2PixHD (CVPR2018)和 BigGAN (ICLR 2019) 模型，则不断突破生成分辨率极限，从 64×64 一直发展到 1024×2048。基于在图像领域的成功，很多学者也开始在视频领域尝试。如 NVidia 在 NeurIPS 2018 上发表了 Video-to-Video 的视频翻译。在应用上，国外的 DeepFake 应用在 2018 年掀起了换脸热潮，其逼真程度令人震惊。国内,搜狗发布了 AI 主播功能,通过文字生成对应嘴型。百度发布了"BADA"功能，即根据别人一段跳舞姿态生成自己的跳舞视频，还联合新华社发布了从黑白图像生成彩色图像的"焕彩"功能。

3.4.2 语音模型

(1) 语音识别(Automatic Speech Recognition，ASR)

在深度学习技术和大数据技术出现之前，语音识别的标准方法是基于隐马尔可夫模型和高斯混合模型的联合建模方法(HMM-GMM)，由此发展出了很多著名的开源项目以及相关工具，比如 CMU Sphinx 和 Kaldi 等。随着人工神经网络(Artificial Neural Network，ANN)的发展，其卓越的建模能力使其逐步取代 GMM，形成了著名的 HMM-ANN 语音识别架构。HMM-ANN 从被微软研究院和多伦多大学于 2009 年提出，到被业界广泛采用，仅仅经历了 2~3 年时间。由于循环神经网络(Recurrent Neural Network，RNN)，及其变体长短时记忆(Long Short-Term Memory，LSTM)、门控循环单元(Gated Recurrent Unit，GRU)等，在序列建模上的优越性，基于循环神经网络的语音识别一直是学术界的研究重点。经过一些阶段性的挫折后，2007 年 CTC(Connectionist Temporal Classification)方法的提出，克服了语音和文字的对齐问题，使得基于 LSTM 的语音识别技术在一些特定应用领域开始超过传统的 HMM-ANN 方法。从 2012 年开始，随着深度学习在图像领域的卓越性能逐步被发现，进一步推动了基于神经网络的语音识别技术的发展。这其中，端到端的语音识别系统，由于其简洁，更好的建模能力，更广泛的适应性，得到了学术界和工业界的追捧。2014 年，Google DeepMind 的 Alex Graves 等提出了一个基于 CTC 和 LSTM 的端到端的语音识别系统，语音识别性能得到大幅的提升(根据报道，性能提升了 49%)。该系统如今已经大规模应用在 Google 的产品中，比如 Google Voice。百度也于 2016

年提出了 DeepSpeech 语音识别系统,该系统的特点是不采用业界广泛使用的音素(phoneme),而是直接利用神经网络预测字符。DeepSpeech 同时在中文和英文的语音识别中取得了成功。由于循环神经网络的递归特性,限制了整个语音模型训练和使用的速度,利用 CNN 等容易高并行化的网络结构来加速,并于 2017 年成为研究热点。Facebook 研发了基于 CNN 的端到端的语音识别系统,并开源了该项目(Wave2letter++)。科大讯飞也研发了名为深度全序列卷积神经网络(Deep Fully Convolutional Neural Network, DFCNN)的语音识别框架,使用大量的卷积层直接对整句语音信号进行建模。由于 CTC 本身的输出独立性假设,无法建模输出序列的内在结构,实用中基于 CTC 的语音识别系统必须利用外在的基于 ngram 的语言模型对输出序列进行筛选和矫正。基于 ngram 的语言模型很大(通常几个 GB 以上),这限制了基于 CTC 的语音识别模型的部署方式(通常部署于 Cloud 上)。近两年,基于注意力(Attention)机制的语音识别系统开始流行,该方法不仅进一步提高了语音识别的性能,还消除了对语言模型的依赖,遂成为目前最主流的语音识别方法。2018 年,百度发布 Deep Peak 2 模型(全称为基于 LSTM 和 CTC 的上下文无关音素组合建模),该技术将高频出现的音素联合在一起,形成一个音素组合体,作为基本建模单元。Deep Peak 2 模型能够充分发挥神经网络模型的参数优势,对多种说话方式的稳定性更强、准确度更高;同时能够带来更快的解码速度,提升语音识别的整体效率。2019 年 1 月,百度发布的流式多级截断注意力模型(SMLTA),实现了注意力模型在工业界在线语音识别中的大规模应用，相对原有 CTC 系统(连接时序分类)准确率提升 15%。

(2) 语音合成

DeepMind 于 2016 年 9 月发布 WaveNet——直接生成波形采样点的全卷积神经网络，取得了语音合成领域的突破。比起传统系统，WaveNet 的语音合成自然度大幅提高。由于 WaveNet 是自回归生成模型，因此在合成语音时速度极慢，远无法达到实时合成的需求。加拿大蒙特利尔大学在 2016 年 12 月发布 SampleRNN 模型，是一个基于 RNN 的全波形生成模型。然而比起 WaveNet，该模型并没有速度和合成自然度的优势。百度于 2017 年 2 月发布基于 WaveNet 的实时语音合成 Deep Voice1，通过简化模型设计，引入高性能核实现，达到了实时合成的水平。同时由于 Deep Voice1 提供了 WaveNet 变种的全部实现细节，被学术界和工业界广泛采用。Google 在 2017 年 3 月发布 Tacotron，即基于注意力机制的 seq2seq 模型。Tacotron 是一个以端到端为目标的语音合成系统，系统通过 RNN 的注意力对齐机制，直接将文本转换为谱特征。2017 年 10 月，百度发布 Deep Voice3，是一个基于全卷积注意力机制的语音合成系统，比起基于 RNN 的 Tacotron，训练速度更快，基于 800 多小时数据可以合成 2000 以上说话人。2017 年 11 月，DeepMind 发布 Parallel WaveNet，直接用前馈神经网络来并行产生波形采样点，大大加速了 WaveNet 的合成速度，达到 20 倍实时。2018 年 7 月，百度发布的 ClariNet，作为新的并行波形生成模型，全面简化了 Parallel WaveNet 的训练，同时这是语音合成领域一个完全的端到端系统，即是从文本直接到音频波形。

3.4.3 自然语言处理模型

语言是经过大脑理解抽象后得到的认知符号，具有与图像和语音等感知信息不同的特点，因而对深度学习技术提出了更多的挑战。但随着词嵌入(Word Embedding)概念的产生、循环神经网络技术的广泛应用，自然语言处理领域也发生了翻天覆地的变化，词嵌入和语言表示、知识表示与计算、语义匹配、机器阅读理解、机器翻译等任务在深度学习技术的推动下取得突破性进展。

(1) 词嵌入和语言表示

深度学习应用于 NLP，激动人心的成果莫过于词嵌入概念的产生。早期的词向量技术把每个词表示为一个以词表大小为维度的向量，向量中只有当前词位置的元素为 1，其余元素均为 0。这种 One-hot 词向量表示配合最大熵、SVM、CRF 等算法是传统机器学习时期解决各种 NLP 领域任务的主流方法。然而这种高维稀疏向量表示无法很好地表征近义词，更会带来维数灾难的问题。2001 年，Bengio 等在神经信息处理系统大会(Conference and Workshop on Neural Information Processing Systems，NIPS)上发表文章 *A Neural Probabilistic Language Model*，提出用一个三层神经网络来构建语言模型，而训练产生的神经网络参数矩阵即为词嵌入矩阵，矩阵的每一行为一个低维、实值、稠密向量，也就是一个词对应的词嵌入值。此后，Mikolov 利用循环神经网络对语言模型进行各种改进，并于 2013 年发布了著名的词嵌入工具 word2vec，2014 年斯坦福发布基于全局词频统计的词嵌入工具 GloVe。至此，词嵌入成为 NLP 领域深度学习模型的标配。2018 年，基于深度学习的通用嵌入技术实现突破，先后产生了基于上下文的词表示 ELMo、基于 Google Transformer 编码机制的 OpenAI GPT 和 BERT 语言模型，后者更是一举刷新了 11 项不同 NLP 任务的榜单，被誉为 2018 年 NLP 领域的突破。

(2) 知识表示与计算

知识表示是对知识的一种结构化描述，知识图谱(Knowledge Graph)是目前广泛使用的一种知识表示形态，采用网络结构的形式对知识进行组织和存储，网络中的节点称为实体，节点间的边称为实体间的关系。网络结构的知识表示方式具有易于存储、方便查询等优点，但是难以进行计算。基于深度学习的向量表示给知识表示和关系抽取计算提供了新的思路。从实现动机上，知识表示学习方法大致可以分为两大类：基于网络结构的表示学习方法和基于语义的表示学习方法。基于网络结构的表示学习方法旨在学习到知识库中的实体、关系间的结构依赖关系，其代表有 TransE、TransH、TransD、TransR 等方式。基于语义的表示学习方法从语义理解的角度出发，希望能学习到实体和实体间的语义信息，其代表方法有单层神经网络模型(Single Layer Model，SLM)、神经张量网络(Neural Tensor Network，NTN)。基于深度学习的知识表示技术突破了传统专家系统的知识计算模式，为基于互联网大数据的知识获取、融合、推理和计算提供了统一的框架和基础。

(3) 语义匹配

语义匹配是自然语言处理领域一个重要的基础问题，

自然语言处理中的许多任务——例如搜索、推荐等——都可以抽象为语义匹配问题。传统的文本匹配技术主要基于词汇重合度的匹配算法,无法解决近义词和多义词的问题。随着深度学习技术的兴起,使用基于神经网络模型训练的语义表示进行语义相似度计算,很大程度上解决了基于字面匹配的局限性。基于深度网络的语义模型(Deep Structured Semantic Model,DSSM)是深度学习语义匹配的开山之作,DSSM 在深度学习框架下对语义匹配问题进行端到端建模,使用词袋模型对文本进行语义向量表示,基于向量余弦计算文本相似度,并通过基于点方式损失函数的多层感知机训练语义匹配模型。此后,涌现出不同的 DSSM 改进版,例如,中科院计算所先后提出了 MatchPyramid、MV-LSTM、MatchSRNN、DRMM 等多种模型,分别从切分粒度、语义表示方法、匹配计算、模型结构等方面对 DSSM 模型进行优化。百度研发的语义匹配模型 SimNet 融合了多种切分粒度的语义表示向量,在网页搜索任务上,基于海量用户行为数据进行训练,显著超越了传统主题模型类算法,大幅改善了搜索和推荐的语义相关性,提升了网页搜索智能化体验。

(4) 机器阅读理解(Machine Reading Comprehension,MRC)

机器阅读理解就是让机器阅读文本,然后回答和阅读内容相关的问题。近几年,CNN/Daily Mail、SQuAD 等大规模阅读理解数据集的出现,推动了基于深度学习的阅读理解技术的进步,包括一系列基于表示学习和注意力机制的阅读理解模型 Match-LSTM、BiDAF、DCN 和 RNET 等。这些模型在 SQuAD 等面向单文档的阅读理解数据集上取得了较好的效果，甚至达到了和人类相当的水平。然而，相对于阅读整个互联网来回答任意问题的目标，仅仅针对维基百科的单文档阅读理解是不够的。因此面向搜索场景的多文档阅读理解数据集(MS-MARCO，SearchQA，DuReader)被提出：对于每个问题利用搜索引擎检索出多个候选文档，然后由阅读理解模型阅读多篇候选文档并给出最终的答案。与单文档阅读理解任务相比，多文档通常包含多个歧义性较大的、混淆性较大的答案，因而多文档阅读理解目前还面临较大的挑战。针对这些挑战，S-NET、V-NET 等多文档深度阅读理解模型先后出现。此外，面向更多应用场景的阅读理解任务最近被提出，包括了面向对话的阅读理解数据集 CoQA、基于常识和推理的数据集 ReCoRD、HotpotQA 等。这些新方向也对基于深度学习的阅读理解模型从引入外部知识、可解释性、对话历史建模等角度提出了新的挑战。

(5) 神经网络机器翻译(Neural Machine Translation, NMT)

NMT 通过构建神经网络，建立源语言到目标语言的序列映射关系，充分利用上下文信息，输出流畅译文，目前 NMT 系统的性能已全面超越传统的统计机器翻译方法。典型的 NMT 系统基于端到端(seq2seq)的编解码(Encoder-Decoder)架构，其中 Encoder 对源语言序列进行编码，并提取源语言中的信息，再通过 Decoder 把这种信息转换为另一种语言即目标语言。广泛使用的 Encoder 和 Decoder 主要为单向或双向循环神经网络，包括其变体 LSTM、GRU。除此之外，借鉴图像技术中的注意力机制，通过建立目标词与原文词之间的对应关系，有效改善长句子的翻译质量。NMT 近年来发展迅速，2015 年 5 月百度发布了互联网神经网络翻译系统，2016 年 9 月以来，Google、Microsoft 等巨头公司相继发布 NMT 系统。2017 年 Google 提出了完全基于注意力机制的 NMT 模型 Transformer，这是一个由叠加的"自注意力机制(Self Attention)"构成的深度网络，基于此模型开发的系统，在多个语言对上取得了翻译质量的大幅提升，成为当前主流的机器翻译系统。神经网络机器翻译方法蓬勃发展，带来的翻译质量跃升超过了过去十年统计方法的总和，展现出非常大的发展潜力。

不可否认，深度学习推动了视觉、语音、自然语言处理技术的变革性突破和跨越式发展，然而，也必须看到，深度学习在可解释性、知识融合等方面仍然面临较大挑战，人工智能的进一步发展需要深度学习与认知计算、逻辑推理等其他技术路线的深度融合和相互补充。

3.5 行业应用

随着自动深度学习技术的发展和普及，其应用也出现了新的发展趋势。近几年来，除了日趋成熟的图像识别、目标检测、新闻分类、语音识别等判别任务外，深度学习也在更多地被用于数字媒体创作等更具挑战性，更接近人类智能的任务中。例如，以 VAE 和 GAN 为代表的生成模型，可以生成相当逼真的图片、音乐、甚至视频；风格迁移可以将一种风格的图片自动转化为另一种风格，或将一个人的声音转化为另一个人；智能翻译机可以在旅游等特定场景下实现多种语言的精确转换。同时深度学习在医疗健康、金融投资、城市管理、教育培训、工业控制、农业生产等方面都有广阔的应用前景。基于深度学习的人工智能技术，正在改造升级各行各业，促进传统行业智能转型，有效提升行业运营效率，同时催生新的智能型产品和产业。通过深度学习技术，让人工智能有更大的空间和机会服务实体经济的发展。

(1) 无人驾驶

基于深度学习等技术的典型应用，包括多传感器融合的复杂环境感知，智能决策、规划和控制等多方面。其中，基于深度学习等技术，无人驾驶计算平台实现了日均百万公里量级的数据处理能力，以及数据收集、学习、反馈到无人车可达到分钟级的闭环能力。深度学习技术引入到点云障碍物检测领域，能够从大量数据中学习有效特征进行障碍物的检测与分割，其分割精度远远优于传统方法。深度学习还可以用于无人驾驶密切相关的高精度地图数据的生产环节，依靠深度学习、模式识别、三维重建、点云信息处理等技术，极大提升高精度地图的自动化生成水平。百度Apollo平台开放的障碍物感知、决策规划、云端仿真、高精地图服务等多种能力，背后都是基于深度学习技术，这些能力已经广泛被开发者使用。2018年4月，主线科技研发的无人驾驶电动卡车启动港口试运营，实现了集装箱从岸桥泊位到堆场的无人自主水平运输。2018年5月，在天津市东丽区举行的世界智能驾驶挑战赛，其无人驾驶组比赛吸引了全球30支队伍参赛，清华大学和陆军军事交通学院的团队获得多项冠军。

(2) 智慧机场

深度学习作为核心算法之一，将以民航旅客、航班、机场运行等信息为基础，结合图像、语音、视频等技术，实现对旅客服务全流程、机场运行全过程的智能化支撑与保障。通过智能服务机器人、闸机、手机客户端等多种设备终端，提供面向旅客的智能化服务，覆盖机场公共区域车辆识别与监控、安防布控、旅客到场识别、机场室内导航、人脸安检、刷脸登机、VIP旅客迎宾/个性化推荐、机场运行控制与智能决策、航空公司航线规划与航班计划制定等多业务场景，为打造智慧民航提供全方位的保障。

(3) 安防

主要是应用基于深度学习的人脸识别等技术，现在该市场趋向成熟且平稳增长，主要应用包括：动态人像比对预警(应用活体检测+人脸1:N验证等技术),案件分析(历史视频或历史数据人脸与海量数据碰撞，按时间、地点、人脸维度形成轨迹)、行为规律分析(从社会层面数据综合分析人员行为规律及关联关系，形成结果)等。海康威视近几年推出了多款基于深度学习技术的智能安防产品，涵盖视频监控、智能交通、人脸分析等场景，其中人脸识别技术在多种应用场景下都已经达到了实用的阶段。

(4) 金融行业

深度学习目前主要可以解决金融领域两方面的问题，一是信息不对称，二是风险管理。通过大数据技术整合互联网海量的数据和金融信息，通过自然语言处理技术及深度学习算法进行去重、去噪等基础数据处理工作，并对信息进行正负向、重要性、影响力、相关性等自动化分类，将客观、海量、多维、高频的数据通过统计模型应用到各种分析模型中，可以做各种深度分析，从而判断用户的投资风险偏好，智能匹配，生成科学的投资组合。此外还可以通过深度学习等技术手段进行舆情监控，辅助投资决策，有效控制风险，提升运营效率。

(5) 医疗行业

2016年以来，腾讯、阿里、百度等互联网公司，纷纷布局智慧医疗领域，出现了腾讯觅影、百度医疗大脑等产品，此外医疗机构也开展智慧医疗相关技术的研发、合作和应用。典型的应用包括机器视觉辅助影像诊断，包括糖尿病视网膜病变筛查、胸部CT的肺结节识别、消化内镜图像辅助诊断等。自然语言处理等技术应用于医学文本挖掘，产品包括电子病历分析挖掘和智慧医疗问答等。此外语音技术在医疗领域也得到了很多的应用，用于在医疗的一些场合解放医生双手，提升工作效率。2018年，国内研发的AI眼底筛查一体机，目前覆盖了糖网、青光眼和黄斑三种主要的致盲病变。AI眼底筛查首先以大量真实数据为依托，协同专家们共同构建了医学标注标准，进行严格标注；其次通过深度学习来构建算法，建立AI算法模型。该机器的敏感性(敏感性越高，漏诊概率越低)、特异性(特异性越高，误诊概率越低)在业界达到领先的水准，甚至超过了大多数的阅片医生。

(6) 教育行业

教育过程中生产了大量的内容，包括图像、视频、音频、文本等。要对这些内容进行处理，要识别哪些内容是高质量的，哪些内容适于结构化，内容之间的相关性，如何对不同类型的内容进行分析处理,知识的整理加工、提炼等,都是非常重要的工作。通过深度学习技术可以将各种各样的资料联系成巨大的知识图谱,同时和用户进行精准的匹配,然后自动调整教学内容、进度等,给每个人最适合的教育方式和内容。

(7) 零售行业

深度学习技术可以帮助便利店和超市预判未来一段时间的销售情况,进而更准确地控制商品的数量,这样不仅有效地提高了消费者购买的质量,更可以避免食品的大量浪费。通过对超市过去一年内的几十个维度的数据和上百项特征进行深度学习建模和分析,包括商圈、人流量、天气、节假日、实际销售数量等,对这些影响销量的变量进行多维度的组合和计算,从而预判第二天的销售数量,以此判断备货量。传统的操作模式是根据各门店的店长经验来判断进货量。个体的经验差异,甚至人员流动都有可能造成一定的损耗,而深度学习的价值更像是一名经验十分丰富的门店店长,"思考"的维度更是超越了人类的范畴。结果显示,深度学习技术可以有效地避免人为判断的误差,降低报损率,减少浪费。

(8) 电力行业

典型电力行业包括发电、输电、配电、用电等多个阶段,而电力作为关系国计民生的重要资源,在各个阶段无论针对电网或是终端设备的运行维护都是保障电网安全稳定运行的重要手段。此外,目前中国已经建成全球范围内信息化程度非常高的电网,电网的工程师们也在持续学习和引入新技术,大数据和深度学习是他们重点关注的方向。

针对电力运维，有三个典型的场景是比较适合大数据与深度学习技术的，包括：①通过对电网电能质量分析系统、分布式监控系统产生的数据进行学习，实现故障提前预警，减少电网设备运维成本；②通过对气象数据、用户行为数据等分析建模，实现用电管理，优化电网调度提升效率；③通过对终端设备如智能电表的数据分析，实现用电异常识别，降低用电损失，提升效率。

(9) 制造业

深度学习等技术对生产环节的赋能，将会把工人从重复、低效和繁重的体力劳动中解放出来。国内像圣象这样的地板制造企业，生产中的很多环节早已实现了自动化，但地板分拣环节，仍需要工人通过肉眼识别，一秒一块地对地板进行分拣，以达到传统机器所无法实现的精确度。工人每天的工作量也相当繁重，而长期人力分拣工作对工人的眼睛和身体的损耗也很大。同时，这类工作也存在后续人力资源补给不足的风险。随着基于深度学习的视觉技术的引入，机器分拣甚至可以达到比经验丰富的工人分拣更为精准的水平。在提升分拣工作质量的同时，也将检测量翻了一倍。

(10) 农业

采用深度学习技术解决当前农业和粮食生产问题已经成为前沿的应用方向，深度学习在图像分类和回归方面有较高的准确性，其精度优于传统的图像处理技术。因此，与传统方法在农业方面的应用相比，深度学习方法可以提高数据处理的效率和准确度。应用包括土地覆盖分类、农作物产量估计或预测、作物类型估计、杂草检测土壤研究、田间含水量检测、天气状况预测、障碍物检测和水果计数等。

第 4 章 未来展望与思考

近年来,数据的爆发式增长和算力的跨越式提升,促进深度学习技术取得了突破进展。在未来一段时间内,深度学习在基础理论、应用技术和产业应用方面,将取得新的、更加显著的进步,大量可感知的创新成果不断涌现,将深刻改变人们的生产和生活方式。

4.1 基础理论展望

深度学习的学习机制正在从传统的监督学习向更复杂、更有挑战的机器学习机制转变,具体包括:

(1) 深度学习理论框架

现阶段,对于深度神经网络如何运作、为何有高性能表现,缺乏有力的理论解释。深度学习的理论框架将成为人工智能迈向下一阶段发展的基础,并促进人工智能在更广泛的领域应用,对政府制订产业规范政策有参考意义。目前在深度学习的优化泛化性能刻画方面都有一些非常有意义的工作,处于突破的前期。

(2) 深度强化学习

深度强化学习是指将深度神经网络与具有决策能力的强化学习相结合,通过端到端的学习方式实现感知、决策或感知决策一体化的技术。深度学习相较于一般机器学习方法具有更为通用、需要更少的先验知识与标注数据等特点。深度强化学习能够显著提升机器智能适应复杂环境的效率与稳健性,并在制造、医疗、教育、汽车等领域具有发展前景。

(3) 生成对抗网络

生成对抗网络是一种无监督深度学习方法,通过两个神经网络相互博弈的方式学习图像、文本、语音或视频数据的生成。生成对抗网络一定程度上可以缓解数据稀疏问题,在单图像超分辨率、交互式图像生成、图像编辑、对话生成、文本-图像翻译等领域有广泛应用,近年来成为学术界研究的热点。随着生成对抗网络技术的发展,一方面机器自动生成的图像、视频、文本的质量不断提升,另一方面这些生成的图像视频文本具备了风格转换等复杂能力。人机协同或机器自动生成的内容将大幅降低内容获得的成本。

(4) 自动化机器学习

深度学习模型的设计,包括数据预处理、特征选取、模型设计、模型训练与超参数调节等,需要大量专家知识、时间成本、软硬件配置和高质量的工程师团队。自动化机器学习方法的目标是将这一过程自动化,利用深度学习来设计深度学习模型。这样使得研究者可以更加高效建立深度模型,并促进人工智能技术去中心化,提升云计算平台及深度学习框架的整合,有利于 AI 在各行业中的应用开发。随着自动化深度学习技术的不断发展,算法自动构建的网络模型在一些任务上已经超越了人类专家手工构建模型的结果。这将进一步降低人工智能的技术门槛,加快产业落地的速度。在全球范围内各大公司均将自动化机器学习建模作为一项主要的战略方向，其规模化的应用将会是未来一段时间的重要热点。

(5) 元学习

面对开放环境和变化的学习任务，元学习关注构建通用算法模型使机器具备快速自主学习的能力。元学习经常使用循环模型、度量学习或优化器学习等方法学习关于学习的方法论，和深度强化学习一起，元学习有可能成为迈向通用智能的关键一环。

(6) 数字孪生

数字孪生是以数字化的形式对某一物理实体过去和目前的行为或流程进行动态呈现。数字孪生概念源于工业界对部署资产的监督与分析，如今使用基于代理人的模型，数字孪生技术可应用于物理与非物理实体的分析、预测与行动指导。数字孪生将促进物联网技术的发展与推广，为企业在实时互联互通的同时进行传输和分析活动提供解决方案。数字孪生连接 IoT 和 AI，对于工业信息化和智能化将起到积极的推动作用。

4.2　应用技术展望

多模态语义理解进入深入发展阶段。分类和回归是较基础的机器学习问题。在计算机视觉、语音、自然语言处理任务上，深度学习方法都取得了显著的进步。可以预见，深度学习在这些任务上仍然会持续提升应用效果。关于理解与识别的典型任务，例如图像分类，过去五年里深度学习将 ImageNet 图像分类任务上的 top-1 错误率从 43%降低到了 20%以下。同时，深度学习对以像素为基本单元的图片、视频等目标的理解在深度和广度上都有显著提升。比如图片不但可以分类，还可以给出自然语言的文字描述，对视频也是如此，这将实现对图片和视频更细粒度的理解，例如用于视觉资料的快速搜索。2018 年 7 月发布的百度大脑 3.0，发展进入多模态深度语义理解阶段，对输入的语音、图片和文字等多模态信息进行深层次理解。未来深度学习将在视频等富媒体的理解上更进一步。对计算机而言，理解文字更难于理解图像、语音，因为文字本身是经过人类高度抽象过的认知符号，相比之下，计算机算法更擅长处理图像、语音等人类感知层的输入。结合迁移学习、多模态融合等先进技术，深度学习对于自然语言理解也有极大的应用空间。

机器创作内容将对人们的生活产生广泛影响。目前深度学习利用变分自动编码器 (Variational Auto Encoder, VAE)[15]和生成对抗网络(Generative Adversarial Network, GAN)[16]为代表的生成模型技术，可以产生较为逼真的图片，甚至简单的视频。这些技术从 2016 年以来正在飞速进步，产生的优质图片的分辨率也在迅速增大。在自然语言领域，深度学习可以生产文章、生成评论、参与比赛解说、和人对话等，这些研究都刚刚起步，未来还有极大的提升空间。可以想象，未来将有相当多且有价值的图片、视频、音乐、文章是由机器生产的，增加人类获取信息的机会。机器也可以在人类给定的条件下进行创作，给予人类设计者提示和灵感。利用机器进行创作还可能有助于商业活动，例如在视频中植入广告。这些技术会使得人和机器的交互更加自然流畅。

边缘计算将改变网络通信和算力分布的现有模态。边缘计算是指将 AI 的计算能力部署到靠近物或数据源头的一侧。数据处理和分析将在收集数据的地方完成，而不需要传输到 GPU 服务器或是云计算中心。边缘计算虽然不能取代云计算，但其解决了网络可达性和等待时间的问题，并且通过彼此独立的计算单元形成更大的网络。边缘计算允许设备放置于网络连接不良甚至无网络的区域中。相比云计算，边缘计算的响应延迟要小很多，并且其使用和维护成本更低，更容易实现数据共享。自动驾驶是边缘计算较典型的应用之一。出于安全考虑，自动驾驶汽车需要收集和分析大量有关其周围环境、方向和天气状况的数据，如果还需要与道路上其他汽车通信，计算量将更大，这些都必须在极短的响应时间内完成。如果使用传统的云解决方案来分析数据可能会很危险，因为延迟可能导致事故。随着边缘计算的发展，大量的数据采集和处理在不同的端上完成会使得通信成本大大降低，处理能力显著提升。

4.3 产业应用展望

在产业应用方面，深度学习技术作为技术变革的核心驱动力量之一，开始作用于各行各业，提高生产效率、降低成本，激发业务创新。

(1) 互联网行业

互联网作为新兴行业拥有海量的用户基础，同时也具备大数据和大算力的基础条件，因而成为深度学习技术落地应用的前沿阵地。搜索、信息流、视频、电商等产品已经在深度学习的影响下，产生了巨大的改变。例如，智能搜索引擎可以用语音、图像等多模态方式跟用户自然交互，在深刻理解用户意图的基础上，对万亿网页进行检索排序，进而精准提取并呈现用户所需要的内容。新一代的智能地图产品，通过计算机视觉和大数据分析技术实现了路网数据的智能采集，在出行方面通过路况预测、多种出行方式的智能组合等提升了用户的使用体验，同时，基于语音的交互和基于 AR 的导航进一步为用户带来了便捷。

(2) 智能家居

随着深度学习技术的发展和广泛应用，语音、视觉、自然语言处理等技术不断取得突破，人机交互已经进入多模态交互时代。智能家居行业倍受关注，百度、阿里、小米等公司纷纷布局智能家居，发布了一系列以智能交互为核心功能的智能家居产品。在深度学习的驱动下，智能交互技术将更加广泛地应用于手机、家居、汽车等产品，给人们提供更智能的生活服务。

(3) 无人车

在 2018 年，具备 L4 级自动驾驶能力的汽车开始在全国一些地区启动运营，积累宝贵的自动驾驶汽车运营经验的同时，也让广大普通用户切身体验到了无人车的魅力。深度学习主要应用于机器视觉、环境感知和线路决策等。阿波罗(Apollo)平台是向汽车行业及自动驾驶领域的合作伙伴开放的完整、安全的软件平台，帮助他们结合车辆和硬件系统，快速搭建一套属于自己的完整的自动驾驶系统。伴随着深度学习技术的发展，无人驾驶在视觉、感知、决策等方面将会向智能化和自动化发展，同时，将会更加稳定安全地应对各种驾驶场景。

(4) 金融行业

近年来，深度学习技术已经广泛应用于金融领域，包括人脸支付、智能客服、智能投顾、价格预测、收益预测、金融反欺诈等。随着生物特征识别技术的不断完善，未来的支付方式将更加便捷、高效。同时，随着智能客服等技术的广泛应用，金融行业的客户服务模式将发生改变。此外，深度学习与金融大数据相结合，应用于金融风险控制、大数据征信、股价预测等领域，将给金融行业带来深度的变革。

对于农业、工业制造、医疗、教育等传统行业，深度学习技术的落地尚未形成行业整体解决方案。但是在其中的很多具体场景，深度学习已经开始发挥作用。例如，自动对大面积农田的病虫害情况做出判断，进而动态决定农药的用量；根据表面瑕疵情况在生产线上对零件进行自动分拣；根据眼底医疗影像对用户的患病情况做出估计，辅助医生快速决策等。

4.4　对我国深度学习技术未来发展的思考

深度学习技术已经开始作用于各行各业，与实体经济融合，提高生产效率、降低成本，激发业务创新。在不久的未来，深度学习将给产业结构带来革命性影响，甚至会改变社会生产力的组织方式。

良好的政策环境是人工智能促进高质量产业经济发展的有力保障。

首先，从法律及政策方面促进信息的安全保护和数据的共享。数据是深度学习发展的重要燃料。如果数据能够跨产品、跨行业流动和融合，将会迸发出巨大的价值，催生新的业态。目前数据的流通共享缺乏完备的行业规范，很多数据处于孤岛状态，信息安全还缺乏全面有力的保障。如果能从法律和政策层面对数据的流通和共享予以规范和管理，既可以一定程度上避免安全隐患，又可以对企业、机构以及政府等之间的数据交换起到推动作用，从而加速人工智能行业的发展。

其次，从宏观层面规划和制定政策法规，保障新业态有法可依，智能化进程科学合理。以无人驾驶为例，作为新业态，无人车在一些特定场景下，已经发展到基本实用的阶段。然而，这种全新的业态要形成产业规模，仅仅依靠自动驾驶技术本身是远远不够的，需要"车智能+路智能"车路协同的交通模式，建设数字化道路；同时无人车的交通判责也需要有合理的可执行的条例作为执法依据。这些都需要政府从法律制定、道路建设和市政规划等角度进行顶层设计与规划。

最后，深度学习技术引发的产业变革，正在改变原有的生产力组织方式。一些技术含量低、劳动模式简单的岗位将会被机器替代，同时，深度学习技术的大规模产业化应用也将产生大量全新的岗位。如何保证劳动力、产能的平稳升级，是一个值得关注的问题。政府可以提前规划前瞻的面向未来的产业布局，采取一系列措施，包括对释放出来的劳动力提供教育和培训，从产业布局角度进行资源调配等，保证产能平稳升级，使我国在未来的竞争中占据先发优势。

构建深度学习技术的健康生态体系。深度学习进一步发展是综合利用各种技术的系统性创新和行业解决方案。比如智能客服，融合了知识图谱、自然语言处理、语音、深度学习等多种 AI 技术，同时需要针对不同行业和应用场景，构建包括业务逻辑和行业知识的系统解决方案，这样才能在实际应用中真正实现提升业务效率、降低人力成本。

在这样的背景下，需要细致高效的分工合作，构建健康的深度学习生态体系，同时，打开上下游市场，打通全产业链，才能降低深度学习技术的应用成本，加快深度学习产业化速度。在深度学习产业生态体系里，既有 BAT 等拥有深厚技术积累的平台型企业，提供领先的 AI 技术，也有在垂直领域深耕、拥有数据和场景优势的垂直技术平台企业，还有拥有深厚行业客户积累的传统服务提供商等。

随着这一波深度学习技术驱动的科技革命的到来，我国会成为很多新技术的发源地，有机会改变过去引入和使用发达国家技术成果的被动局面。我们要遵循技术发展规律，做好体系化技术布局，找准重心，重点突破，并通过创新驱动行业升级和新产业发展。同时，进一步加快相关政策及法律法规的创新，使之为技术创新提供有力保障。

第 5 章　总结和致谢

感谢陈左宁、卢锡城、高文和赵沁平四位院士对深度学习专题给出评审意见。

在本书的撰写中，百度浣军博士、郭国栋博士、马艳军博士、和为博士、郭玉菁博士、丁二锐博士、于佃海、张翼飞、刘璇等对资料收集与撰写提供了鼎力支持。百度研究院、各技术部门以及深度学习技术及应用国家工程实验室等做了大量研究工作，以及其前瞻性和创新性思维和实践，对本专题报告的构思及撰写有很大的帮助，在此一并表示衷心的感谢。

作者：王海峰　余少华

参 考 文 献

[1] LeCun Y, Bengio Y, Hinton G E. Deep learning. Nature, 2005, 521: 436-444.

[2] Deng L, Yu D. Deep learning: Methods and applications. Foundations and Trends in Signal Processing, 2014, 7(3/4): 1-199.

[3] Hinton G E, Salakhutdinov R R. Reducing the dimensionality of data with neural networks. Science, 2006, 313(5786): 504-507.

[4] Krizhevsky A, Sutskever I, Hinton G E. ImageNet classification with deep convolutional neural networks. Proceedings of Advances in Neural Information Processing Systems, 2012: 1097-1105.

[5] Artificial Intelligence Index 2018 Annual Report. Stanford University, 2018.

[6] Gramke K. Artificial Intelligence as A Key Technology and Driver of Technological Progress, 2019.

[7] WIPO. WIPO Technology Trends 2019: Artificial Intelligence, 2019.

[8] Gartner. 5 Trends Emerge in the Gartner Hype Cycle for Emerging Technologies. https://www.gartner.com/smarterwithgartner/5-trends-emerge-in-gartner-hype-cycle-for-emerging-technologies-2018/ [2019-1-18].

[9] Persistence. Global Market Study on Deep Learning: APEJ Regional Market to Register High Y-o-Y Growth Rates During 2017-2027, 2017.

[10] Tractica. Deep Learning: Enterprise, Consumer, and Government Applications for Deep Learning Software, Hardware, and Services: Market Analysis and Forecasts for 125 Use Cases across 30 Industries, 2018.

[11] Zoph B, Le Q V. Neural architecture search with reinforcement learning. Proceedings of 5th International Conference on Learning Representations, 2017.

[12] Pan S J, Yang Q. A survey on transfer learning. IEEE Transactions on Knowledge and Data Engineering, 2010, 22(10): 1345-1359.

[13] Cheng Y, Wang D, Zhou P, et al. Model compression and acceleration for deep neural networks: The principles, progress, and challenges. IEEE Signal Processing Magazine, 2018, 35(1): 126-136.

[14] Luo Y, Ren J, Lin M, et al. Single view stereo matching. Proceedings of IEEE Conference on Computer Vision and Pattern Recognition, 2018: 155-163.

[15] Kingma D P, Welling M. Auto-encoding variational Bayes. Proceedings of the 2nd International Conference on Learning Representations, 2014.

[16] Goodfellow I, Pouget-Abadie J, Mirza M, et al. Generative adversarial networks. Proceedings of the International Conference on Neural Information Processing Systems, 2014: 2672-2680.